한말 의병운동

전기·중기의병

한말 의병운동
전기·중기의병

김상기 저

독립기념관 한국독립운동사연구소　도서출판 선인

CONTENTS

"우리는 어차피 죽게 되겠지요. 그러나 좋습니다. 일본의 노예가 되어 사느니보다는
자유민으로 죽는 것이 훨씬 낫습니다." (맥켄지, 『대한제국의 비극』)

위 글은 영국의 종군기자 맥켄지(F.A.Mckenzie)가 1907년 경기도 지역에서 의병을 찾아 취
재할 때 들었던 어느 의병의 고백이다. 이 고백은 의병들이 전쟁에서 질 것을 알고 있었지만,
일본의 노예가 되는 것을 거부하고 자유로운 백성으로 살고자 일어났음을 알려준다. 의암 유
인석도 의병을 일으키고 발표한 격문에서 '의사'들이 떨치고 일어나 창을 베개 삼아 거적자리
에서 자고, 끓는 물속이나 불속이라도 뛰어들어 나라를 구하자고 호소하였다. 이처럼 의병은
외국의 침략으로 국가가 위태로울 때 스스로 무장하여 일어난 의사(義士)들을 말한다. 이들
은 우리 땅에서 우리끼리 자유롭게 살려는 뜻을 이루고자 나섰으며, 나아가 나라를 구하고자
무기를 들고 목숨 바쳐 항쟁하였다.

의병은 우리가 잘 알고 있는 유인석과 최익현 같은 유교지식인 또는 전직 관료들이 참여하
였지만, 최근 '촛불 혁명'을 이룬 이들이 일반 민중이듯이 대부분은 평민이었다. 이들은 왕족
과 권문세족들로부터 차별과 억압을 받아왔으며, 한편으로는 왕조가 망하고 양반이 없어지
기를 바랐던 평민들이었다. 이들이 의병을 일으킨 것은 양반의 지배를 받는 것도 싫지만, 왜놈
아래에 사는 것은 죽기보다 더 싫었기 때문이었다.

의병은 임진왜란 때 크게 일어났다. 이 때 일어난 임진의병(壬辰義兵)은 왜군의 침략을 물리치는 데 큰 역할을 했다. 임진의병의 역사적 전통을 이어받은 것이 한말 의병이지만, 임진의병과는 많은 차이가 있다. 임진의병이 정부의 지원을 받았음에 비하여 한말 의병은 오히려 관군의 탄압을 받았다. 임진의병은 명나라의 지원을 받는 국제적인 환경에서 항쟁했으나, 한말 의병은 청나라나 러시아의 지원은 고사하고, 오히려 영국과 미국이 일본을 지원하는 형세였다. 이처럼 한말 의병은 고립무원의 항쟁이었으니 그만큼 희생이 컸다.

한말 의병투쟁을 하다가 희생된 이들은 많게는 20만 명까지 말해진다. 일본 자료를 근거로 5.6만 명의 의병이 희생된 것으로 파악된 바도 있다. 독립운동 과정에서 안중근과 윤봉길의사처럼 이름을 남긴 이도 있으나, 이름 없이 희생된 이들이 훨씬 많다. 그 중에서도 의병 희생자가 가장 많은 것으로 알려진다. 지금까지 활동사항이 알려진 의병이 1천여 명에 불과하니 수많은 의병들이 이름도 없이 삼천리 강토에 붉은 피를 적셨음을 알 수 있다. 이들은 부모처자와 영원한 이별을 하고 전장터로 나가면서 살아 돌아갈 것을 기약하지 않았다. 의병들은 마치 불나방이 자동차 불빛에 달려들 듯이, 거대한 제국주의 일본을 상대로 싸우다가 목숨을 바쳤다. 이들을 우리 민족의 혼[國粹]이라고 하는 이유가 여기에 있다.

한말 의병은 1894,5년부터 1915년까지 펼쳐진 '20년간의 항일전쟁'이다. 일반적으로 이를 전기, 중기, 후기의병으로 구분한다. 이 책은 그 중에 전기의병과 중기의병의 활동을 대상으로 하였다. 후기의병 부분은 별책으로 기획한다는 본 시리즈의 편집 방침에 따라 이 책에서 제외되었다. 후기의병 부분은 곧이어 후속 작업으로 간행될 것을 기대한다.

이 책은 일반 대중을 상대로 하는 책이라 알기 쉽게 쓰려고 하였으며, 도판과 지도를 넣어 이해를 돕고자 하였다. 그럼에도 지루한 설명에 그친 것은 아닌지 걱정된다. 대방의 질정을 바란다. 도판 수집에 도움을 주신 독립기념관 한국독립운동사연구소의 홍선표 연구위원과 출판을 맡아 준 도서출판 선인의 윤관백 사장을 비롯한 편집부 여러분께 감사를 드린다.

2016년 동짓날에
유성 서재에서 김상기 씀

1장

일제의 침략과 전기의병

I. 갑오변란과 의병의 개시

갑오변란(甲午變亂)이란 1894년 6월 21일(양, 7월 23일)[1] 일본군이 무력으로 경복궁을 점령한 사건을 말한다. 갑신정변(甲申政變) 이후 조선에서의 우월권을 청나라에 빼앗겼던 일본은 1894년 동학농민전쟁(東學農民戰爭)이 일어나자 이를 조선 침략의 좋은 기회로 삼고 군대를 파견하였다. 일본은 대규모의 부대를 강제로 서울로 이동시키고 조선 정부에 내정개혁안을 강요하였다. 조선 정부는 일본의 내정간섭을 반대하며 불법으로 주둔한 일본군의 철수를 요구하였다. 그리고 한편으로는 교정청(校正廳)을 신설하여 동학농민군이 화의의 조건으로 제시한 폐정개혁안(弊政改革案)의 일부를 받아들인 정치개혁을 추진하고자 하였다. 이와 같은 조선 정부의 태도에 조바심을 느낀 일본은 6월 21일 무력을 동원하여 경복궁을 점령하는 갑오변란을 일으켰다.

갑오변란은 일제가 조선 침략의 야욕을 직접적으로 드러낸 사건이었다. 갑오변란은 일본군의 치밀한 계획 아래 추진되었다. 인천에 주둔하고 있던 일본군 혼성여단이 5월 19일에 기습적으로 서울로 침입하여 남산의 왜성대(倭城臺)에 포대를 설치한 후, 6월 20일 밤부터 작전을 실행에 옮겨 21일 새벽에 경복궁을 공격하였다.

국왕의 호위 부대로서 경복궁의 수비를 맡고 있던 시위대(侍衛隊)는 평양 진위대(鎭衛隊)에서 선발된 500여 명으로 편성되어 있었다. 시위대는 최초의 피격 지점인 창화문(昌化門)에서 일본군을 격퇴시켰다. 그러자 일본군은 경비가 소홀했던 경복궁의 서문인 영추문(迎秋門)을 공격하였다. 일본군 보고서에 의하면, 21일 새벽 5시경까지 전투가 있었으며, 이 전투에서 일본군은 1명의 사망자와 2명의 부상자를 낸 반면에 조선군은 전사자가 17명이고 부상자가 60여 명이라고 되어 있어 전투가 치열했음을 알 수 있다.

일본군의 경복궁 침입을 그린 갑오변란 삽화

일본군은 경복궁 내 건청궁(乾淸宮)에 있던 고종(高宗)을 협박하여 전투 중지 명령을 내리도록 했고, 고종이 이를 받아들였다. 전투 중이던 조선 시위대는 이 명령을 받자 "모두 통곡하며 총통(銃筒)을 부수고 군복을 찢어버리고" 경복궁으로부터 탈출하였다.

경복궁을 무력으로 점령한 일제는 자신들의 무력행사를 숨기기 위하여 대원군(大院君)을 입궐시켰다. 일본군은 고종으로 하여금 정무와 군무를 대원군에게 위임하게 하였다. 이어서 조선군의 무장을 강제로 해제시키고 무기와 탄약을 몰수하여 용산의 일본 병영으로 수송하였다. 이와 같이 일본군이 경복궁을 강제로 점령한 상태에서 이른바 김홍집(金弘集) 1차 내각이 수립되었으며, 이 정권에 의해 갑오경장(甲午更張)이 추진되었다.

청일전쟁의 전투 모습을 그린 삽화

유생(儒生)을 중심으로 한 조선인들은 갑오변란을 일제에 의한 침략 행위로 간주하고 반일 의병투쟁의 개시를 고심하게 되었다. 더욱이 한반도에서 청일전쟁이 일어나고, 일본의 사주를 받는 친일적 개화정권(開化政權)의 정책이 추진되자 이를 일본화를 위한 예속정책으로 생각한 조선 사람들은 무력투쟁을 통해 일본 세력을 몰아내 국가를 구하고자 하였다.

의병투쟁의 개시 징후는 갑오변란이 일어난 지 1개월 여 후인 7월 말에 표면화되기 시작했다. 지평의 안승우, 홍주의 안창식, 안동의 서상철, 상원의 김원교 등이 그들이다. 이들은 무력투쟁을 위한 의병 모집에 나섰다. 이 가운데 안승우와 안창식은 병사를 모집하는 단계에서 끝났고 구체적인 항전은 1895년 을미사변 이후에 나타났다.

안승우(安承禹, 1865-1896)는 경기도 지평(砥平) 출신으로 이항로 문하의 유생이다. 그는 1894년 여름에 고향인 지평에서 의병을 모집하였다. 그러나 동학농민군이 마침 그 지역에 들어와 활동하는 것을 보고, 일이 잘못될 것을 염려하여 중지하였다. 홍주 지역에서는 안창식을 비롯한 박창로와 이세영 등이 1895년 4월에 장곡에서, 6월에는 청양 장터에서 기병하기로 하는 등 을미사변(乙未事變) 직전까지 의병 봉기를 준비하였다. 비록 이들의 활동은 즉각적인 의병운동으로 발전하지 못했지만, 을미사변 직후인 1895년 9월부터 의병 모집과 무기 수집을 추진하여 1896년 1월 초 김복한 등과 함께 홍주의병을 일으킬 수 있었다.

서상철과 김원교는 의병을 모집하여 무력투쟁을 전개한 대표적인 의병장들이라고 할 수 있다. 서상철(徐相轍)은 갑오변란으로 경복궁이 유린당하고 고종이 핍박당하자, 분하게 생각하여 한인석 등과 함께 격문을 발표하였다. 그리고 1894년 7월 25

일(음) 안동향교에서 의병을 일으킬 것을 계획하였다. 비록 이 안동 봉기는 안동부에 의해 강제로 정지되어 실행에 옮기지는 못했다. 하지만 계속 의병을 불러 모아 9월 초까지 활동하였다.

평안도 상원의병은 관료 출신인 김원교(金元喬)에 의해 1895년 6월 1일(양, 7월 22일) 상원 관아를 공격하면서 시작되었다. 상원의병은 상원 관아에서 무기와 탄약, 그리고 미곡 등을 탈취한 후 관군과 일본군의 추격 소식에 황해도 재령의 장수산성으로 이동하였다.

장수산성으로 가는 도중에 인근 주민에 통문을 돌려 의병에 참여할 것을 요청하였다. 이에 따라 황해도의 동학 접주로 해주성에 투옥되었던 임종현(林宗鉉)이 평산 일대에서 80여 명의 농민군을 모아 장수산성으로 합류하기도 하였다. 김원교는 해주부를 공격하기 위해 부대를 정비하고 격문을 발표하였다. 그러나 6월 20일(양, 8월 12일) 해주부의 관군과 일본군이 장수산성을 포위하고 방화하며 공격함에 따라 의병 부대는 평안도 덕천 방면으로 부대를 옮기며 8월 중순까지 투쟁을 계속하였다. 상원의병은 결국 흩어지고 말았지만 일제의 침략에 나라를 위기에서 구하기 위해 관료 계층과 민중층이 연합하여 활동했다는 점에서 의미가 있다.

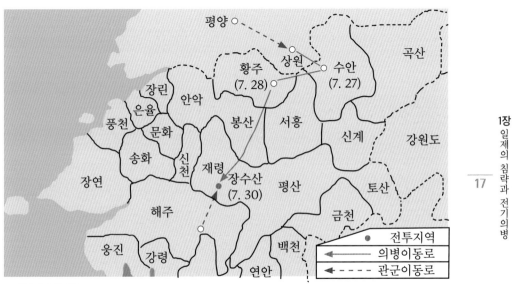

평양

황주
(7. 28)

상원

수안
(7. 27)

곡산

장린

안악

은율

풍천

문화

봉산

서흥

신계

강원도

송화

신천

재령

장수산
(7. 30)

장연

해주

평산

토산

금천

웅진

강령

백천

연안

● 전투지역
← 의병이동로
◀ - - - 관군이동로

상원의병 이동로

2. 을미사변과 의병 봉기

을미사변(乙未事變)이란 1895년 8월 20일(양, 10월 8일) 명성황후(明成皇后)가 일본에 의해 시해된 사건을 말한다. 일본은 갑오변란 이후 조선을 장악하고 개화를 구실로 한 침략정책을 수행하였다. 이때 명성황후의 반대에 직면하게 되자 시해하기에 이른 것이다. 이는 국제적 범죄행위이며, 조선을 식민지화 하려는 침략행위임이 분명하다. 너무나 비참한 왕비의 시해 소식을 접한 인민들은 일본과 친일정권에 대하여 적개심이 솟구치지 않을 수 없었다. 그럼에도 일본은 자신들의 책임을 부인했으며 친일 내각은 오히려 왕비를 자리에서 물러나게 하는 폐비조칙(廢妃詔勅)을 내렸다.

이러한 처사에 조선인의 분노는 드디어 폭발하기에 이르렀다. 폐비조칙이 공포된 1895년 8월 23일 서울에서는 창의소(倡義所) 고시문이 나붙었으며 9월 초에는 "왕후가 서인으로 격하됨에 신하된 자로서 복수하고 적을 토벌하는 의거가 없는가"라는 내용의 고시문이 지방에 나돌았다.

명성황후

명성황후가 시해 된 옥호루

같은 해 9월 중순 서울의 종로에는 "8월 20일의 왕비 시해는 훈련대가 아닌 일본인의 소행"이라면서 일본인에 대해 적개심을 표시한 방문(榜文)이 붙었다. 원주 지방에서는 선비들이 모여 거의(擧義)의 뜻을 드높이는가 하면 구월산에서도 명성황후 시해의 죄상을 성토하는 집단적인 행동이 있었다. 한편 안동에서는 8도의 의병을 모집하여 일본인을 격퇴해야 한다는 격문이 게시되었으며 이를 안동부 관찰사가 수거하여 내부에 보고하였다.

결국 대전의 유성에서 대구의 현풍 출신 문석봉에 의한 항일의병이 일어나기에 이르렀다. 문석봉은 국모의 원수를 보복하려는 목적으로 1895년 9월 18일 유성에서 의병을 일으켜 을미의병의 효시가 되었다. [2]

문석봉(文錫鳳, 1851~1896)은 1893년 5월 별시 무과에 급제한 뒤 그해 12월 진잠현감에 임명되어 충청도에 내려왔다. 문석봉은 명성황후의 시해 소식을 듣고 서울로 올라가 민영환(閔泳煥) 등을 만나 의병의 뜻을 밝혔다. 민영환은 문석봉에게 환도를 풀어주며 격려했다. 또 우범선을 살해한 고영근과도 만났는데, 그는 문석봉이 봉기하기 직전 편지를 보내어 의병을 격려하였다. 대전 지역의 송근수와 신응조와 같은 고위 관료를 지낸 유학자들도 문석봉의 뜻에 찬동했다.

문석봉은 1895년 9월 18일(양력, 11월 4일) 대전의 유성에서 의병을 일으켰다. 문석봉은 대장이 되어 선봉에 김문주(金文柱), 중군에 오형덕(吳亨德), 군의 식량을 책임지는 군향(軍餉)에 송도순(宋道淳)을 임명하는 등 지휘부를 조직하였다. 김문주는 공주 출신의 유학(幼學, 벼슬 하지 않은 유생)으로 문석봉과는 동학군 진압을 위한 소모군(召募軍) 때부터 참모사로 동고동락했던 동지였다. 동춘당 송준길(宋浚吉)의 후손인 송도순은 이조참판을 지낸 인물로 의병의 군수물자를 책임졌다. 문석봉은 각

문석봉 의병장

문석봉 의병장의 묘 (대전 현충원)

지에 발송한 통문에서 을미사변을 '천고에 없는 대변'으로 규정하면서 의병을 일으켜 적을 토벌하고 사직(社稷)을 건져야 할 것을 호소하였다.

문석봉은 유성 장터에서 부대를 편성한 후 공주부 관아를 공격하기로 하고 우선 무기를 획득하기 위하여 회덕현을 급습하였다. 10월 20일(양력, 12월 6일) 탈취한 무기로 무장한 3백여 명의 의병이 유성 장터에 모였다. 문석봉은 유성의병을 인솔하고 다음 날 오전에 진잠으로 들어가 군수 이세경을 만나 의병에 합세할 것을 권하였다. 그러나 이세경은 협조를 거부하고 오히려 의병의 동태를 관찰사에게 보고하였다.

유성의병은 그로부터 1주일 후인 10월 28일 공주의 공암을 거쳐 공주 관아를 향해 진격하였다. 공주부 관찰사 이종원은 전 중군, 백낙완과 이인 찰방 구완희에게 각각 100명씩 이끌고 대응하게 하였다. 의병부대는 이들과 공주 와야동(瓦也洞, 지금의 공주시 소학동)에서 일전을 겨루었다. 그러나 의병은 매복해 있던 관군에게 패하고 말았다.

문석봉은 중군 오형덕 등과 함께 경상도 고령과 초계 등지에서 재봉기를 준비하였다. 고령현감에게 원조를 요청하고, 감역 윤희순으로부터 군자금 지원의 약속을 받기도 하였다. 초계군수 신태철은 "관에서 상금 만금을 그대들에게 걸고 있으니 잠시 숨어 후일을 도모하시오"라고 그의 안위를 걱정해 주기도 하였다. 그러나 결국 고령현감의 밀고로 순검들에 의해 체포되어 대구부에 구금되고 말았다.

유성의병 사적비

공주 와야동 전투지 현장

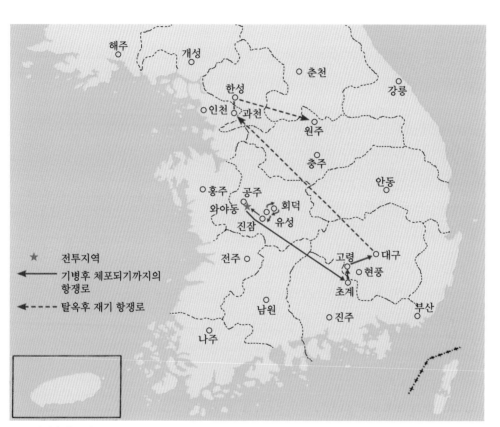

해주

개성

춘천

강릉

한성

인천 과천

원주

충주

안동

홍주 공주

와야동

회덕

진잠

유성

전주

고령

대구

현풍

초계

★   전투지역

◄───   기병후 체포되기까지의
         항쟁로

◄- - -   탈옥후 재기 항쟁로

남원

진주

부산

나주

유성의병 이동·전투도

문석봉의 유성의병은 개화 정권과 침략 세력인 일본을 격퇴한다는 민족적 과제를 이루지 못하였다. 그러나 을미사변의 슬픈 소식에 즉각적으로 일제와 친일내각에 항거하였으며, 단발령 공포 후 전국적으로 의병을 확대시키는 데 크게 기여하였다. 유성의병은 회덕의 송근수, 진잠의 신응조 등 중신들의 찬동과 협조 속에서 가능하였다. 또한 송준길의 후손인 송도순과 김경여의 후손인 김성의 등의 참여는 유성의병이 향촌의 유림세력의 지지기반 위에서 반침략 항일의병을 전개하였음을 알려준다.

을미사변 직후의 의병 활동으로는 유성의병 이외에도 강계의병이 있다. 1895년 11월 단발령 공포 직전에 김이언(金利彦)이 압록강 건너의 삼도구에 거점을 두고 초산군 아전 출신 김봉현과 동학 접주였던 김창수(백범 김구의 처음 이름)와 함께 압록강 일대의 포수 300여 명을 모병하여 의진을 결성하였다. 이들은 국모의 시해에 항거하는 격문을 발표하고 압록강을 건너 고산리를 점령하였다. 그리고 다시 강계읍으로 진격하였으나 관군의 반격으로 패전하였다. 그후 김창수는 황해도로 내려와 의병을 계획하던 중에 1896년 2월 치하포에서 일본 계림장업단(鷄林奬業團) 소속의 쓰치다 조스케(土田讓亮)를 명성황후의 원수를 갚는다며 처단하였다.

3. 단발령 공포와 의병 봉기

　김홍집 내각은 1895년 11월 15일(음) 단발령(斷髮令)을 공포하였다. 이때 내세운 단발의 명분은 "위생에 이롭고 작업에 편리하기 때문"이라는 것이었다. 그러나 유교 윤리가 백성들의 생활에 깊이 뿌리 내려 있는 조선 사회에서 상투는 곧 인륜의 기본인 효의 상징으로 인식되었다. 그러므로 단발령이 내려지자 유생들은 이를 신체적 박해로 더 나아가 인륜의 파멸로 받아들이게 되었다. 그리고 그 반감은 극에 달했다.

　단발령 공포는 백성들의 뜻과는 배치되는 일부 친일적 관리들에 의한 자의적 조치였다. 학부대신 이도재마저도 단발령이 공포된 직후 사직 상소를 올리고 단발령 철회를 요구하였다. 그는 단발령이 사회적 문화적 현실을 생각하지 않은 일방적 처사라고 비난하였다. 또한 정계에서 은퇴한 김병시도 단발령 철회를 호소하는 상소를 올려 단발령이 일제의 사주를 받은 부일파들의 소행임을 지적하였다.

　단발령에 대한 재야 유생들의 반대는 더욱 강했다. 그 중에서도 김하락(金河洛)은 단발령이 공포된 다음날 의병의 기치(旗幟: 깃발)를 들었다. 유인석도 단발령에

단발령 모습

대하여 변복령(變服令)과 마찬가지로 화이론적 가치관에 입각하여 통렬하게 비판
하였다.

　이와 같이 단발령은 한민족의 문화적 자존감의 표상이던 상투를 제거함으로 모
든 이의 울분을 자아냈다. 강요된 단발령은 결과적으로 정치 사회 문화의 모든 영
역에 걸쳐 큰 혼란을 일으켰다. 단발 강요에 대한 반감은 개화 정책을 반대하는 것
으로 발전하였고, 개화는 또 일본화로 받아들여지면서 반일의식이 격화되었다. 그
결과 유생들은 반침략 반개화를 목적으로 한 의병을 일으키기에 이르렀다.

1) 경기 지역

경기 지역에서는 이천의병과 양근의병이 활동하였다. 이천의병은 단발령 공포 다음 날인 1895년 11월 16일(양, 12월 31일) 봉기하였다. 서울에 있던 김하락(金河洛)[3]은 구연영, 신용희, 김태원, 조성학 등 젊은 유생들과 경기도 이천으로 내려가 이천의 화포군 도영장 방춘식(方春植)을 영입하고 포군 100여 명을 포섭하여 이천 의병을 결성하였다. 김하락은 이천의 이현에 진영을 설치하고 구연영을 양근과 지 평 방면에, 조성학을 광주 방면에, 김태원을 안성 방면에, 신용희를 음죽 방면에 파 견하여 의병을 모집하게 하였다. 이들은 곧 900여 명의 의병을 모집하였으며 민승 천(閔承天)의 안성의병과도 연합하여 이천수창의소(利川首倡義所)를 결성하였다. 민 승천을 창의대장으로 삼고 김하락은 도지휘, 조성학은 도총, 신용희는 우군장, 구 연영은 중군장, 김태원은 선봉장을 맡아 항일투쟁에 돌입하였다. 이천수창의소는 부대를 편성한 후 3기(騎) 9대(隊) 법에 따라 부대를 편성하였다.[4]

이천의병은 1896년 1월 18일(양력임, 이후 날짜 표기는 양력) 이천의 백현에서 일 본군과의 첫 전투에서 승리하였다. 이어서 이현전투를 치렀으며, 광주군수를 처단 한 광주의병과, 전사과 심상희(沈相禧)가 조직한 여주의병과 합세하였다. 그리고 2 월 28일 남한산성을 점령하고 서울 진공 계획을 수립하였다. 이들의 남한산성 점령 은 일제 침략군과 개화정권에 위협적이었다.

연합의진을 편성한 이천의병은 아관파천 후 새로 조직된 친러 정권에 밀사를 보 내 의병 봉기의 뜻을 전했다. 그러나 정부에서는 의병진에서 파견한 밀사를 체포하 고 3월 5일부터 참령 장기렴에게 1개 혼성대대의 병력을 주어 남한산성을 공격하 기 시작하였다. 장기렴 부대는 일본군의 지원을 받으면서 20여 일에 걸쳐 공격하

이천의병 백현 전적비

였으나 의병의 반격으로 격퇴 당하였다. 그러나 후군장 박준영과 좌군장 김귀성이 관군의 꼬임에 빠져 3월 22일 문을 열어주고 말았다. 김하락 등은 박준영 부자를 처단한 후 산성을 탈출하여 안동, 의성, 경주 등지로 이동하면서 의병 활동을 계속하였다.

김하락 일행은 4월 9일 여주를 거쳐 4월 12일 제천에서 제천의병의 환대를 받았다. 의병장 유인석으로부터 제천의병에 합류할 것을 제의받고 합세하여 전투를 수행하였다. 4월 20일에는 안동으로 옮겨갔고, 안동에서 서상렬 의진(義陣)과 연합을 시도하였다. 하지만 서로 전투 방법의 차이 등이 나타나 결국 김하락 의진은 의성의 금성면에 있는 수정사를 거점으로 독자적인 의병활동을 전개하였다. 김하락 의진은 5월 14일 청송의 성황현 전투, 5월 20일에는 의성의 비봉산 전투를 벌였다.

관군의 추격에 김하락은 경주로 이동하여 경주의병(의병장: 李采九)과 연합의진을 설치하기에 이르렀다. 경주 연합의진은 6월 17일 경주성을 공격하여 점령하였다. 그러나 대구부에서 파견된 관군과 대구 주둔 일본군 수비대가 경주성을 공격하여 6월 23일 결국 경주성이 함락되었다. 김하락은 영덕에서 신돌석과 연합하여 영덕 전투를 수행하던 중 전사하고 말았다. 이로써 이천 의병의 항일투쟁은 종지부를 찍었으나 제천의병을 비롯하여 안동의병, 경주의병, 영덕의병 등과 끊임없이 연합하면서 항일투쟁을 전개하는 등 그 투쟁성에서 큰 자취를 남겼다.

이천의병장 김하락

한편 양근의병은 양근 출신의 이승룡(李承龍)에 의해 일어났다. 이승룡은 1895년 을미사변이 일어나자 민영환을 만나 통곡하고 양근으로 돌아와 의병을 일으켜 왜적을 몰아내고 원수를 갚고자 하였다. 그는 일본을 물리쳐 국모의 원수를 갚자는 '척왜국모보수지기(斥倭國母報讎之旗)'라고 쓴 기를 30여 개 만들어 세워놓고 의병을 모아 전술훈련을 시켰다. 그는 집안일을 아들인 연년(延秊)에게 맡기고 의병을 이끌고 2월 하순 남한산성으로 의병을 이끌고 들어갔다. 남한산성에는 김하락과 구연영 등이 의병을 모집하여 이천수창의소를 조직하고 활동하고 있었다. 이때 이승룡 역시 양근의 의병들을 이끌고 들어간 것으로 보인다. 양근의병은 광주 군수 박기인을 체포하여 참하였다. 이승룡은 이천의병과 함께 활동하였으나 관군과 일본군의 공격에 패하자 양근으로 돌아왔다. 얼마 뒤 서울의 윤 모로부터 내외에서 협공하자는 비밀 서신을 받고 상경하였다. 하지만 그는 오히려 체포되어 1896년 3월 27일(음력, 2월 14일) 살해되어 순국하고 말았다. 그의 아들 이연년은 1907년 후기 의병기에 김춘수 의진에서 활동하였으며, 체포되어 소위 내란죄로 10년 유배형을 선고 받고 완도에서 유배생활을 하였다. [5]

이천의병의 본진이 있던 남한산성

2) 강원 지역

(1) 춘천의병

춘천의병은 강원도 관찰부의 소재지인 춘천을 중심으로 활동한 의병을 말한다. 이 지역은 이항로의 학통을 이은 유중교(柳重敎), 유홍석, 이소응 등 척사 계열의 유학자들이 많이 거주하고 있어 의병 봉기의 분위기는 성숙되어 있었다. 춘천의병은 1896년 1월 18일 춘천 유생 정인회가 군인 성익환과 상인 박현성을 포섭하고 포군 400여 명과 함께 춘천 관찰부를 점령하면서 시작되었다.[6] 이들은 단발한 박 초관을 처형하고 전 유수인 민두호의 생사당(生祠堂, 감사나 수령이 살아있을 때 받들어 모시는 사당)을 파괴한 후 봉의산에 진영을 설치하였다. 이어서 인근의 농민과 보부상을 의진에 참여시킨 뒤 1월 20일 이소응(李昭應)[7]을 대장으로 추대하였다.

춘천의병장 이소응

대장에 오른 이소응(1861-1928)은 '격고팔도(檄告八道)'라는 격문을 발표하였다. 이 격문에서 그는 '왜노(倭奴)'와 적신들이 국모의 목숨을 빼앗고 임금의 머리를 깎은 처사에 의병을 일으켰음을 밝혔다. 이어서 중화를 높이고 이적을 물리쳐 국가의 원수를 갚아 치욕을 씻을 것이며 의병을 방해하는 지방관은 응징할 것임을 분명히 하였다. 춘천의병은 1월 28일 단발하고 부임하는 신임 관찰사 겸 선유사 조인승을 가평에서 체포하여 춘천부 청사 앞의 '개못개'에서 총살하였다.

정부에서는 춘천의병을 진압하기 위해 1월 31일 친위대 1개 중대를 급파하고 2월 5일에는 2개 중대의 지원군까지 증파하였다. 춘천의병 역시 전열을 가다듬고 서울로 진격하였다. 2월 1일 성익현 휘하의 의병 선봉대는 경춘가도의 안보역에 도착하여 머물면서 관군과의 접전을 준비하였다. 다음 날 관군이 가평에 주둔하고 있다는 소식에 더 진격하지 못하고 가평의 벌업산(寶納山)에 진을 쳤다.

춘천의병은 이충응이 거느리는 가평의병과 연합하여 관군과의 전투를 감행하였다. 그러나 무기와 훈련 부족으로 춘천으로 후퇴하고 말았다. 대장 이소응은 그의 종제 이진응과 이경응에게 의진을 위임한 뒤 원병을 요청하기 위해 지평으로 갔으나 오히려 지평군수 맹영재에게 구속되었다. 이소응이 없는 사이에 관군은 연이어 공격하였고, 이진응이 전사하고 의병이 패퇴하고 말았다.

의병들은 관군이 회군한 직후, 이진응의 동생 이경응(李景應, 1865-1947)을 대장에 추대하고 의병을 다시 모았다. 춘천의병은 서울로 진격하여 3월 17일에 광진나루에서 한강을 넘어 이천의병과의 연합작전을 모색하였다. 그러나 남한산성이 관군과 일본군에 의해 포위되고 얼마안가 산성이 함락됨에 춘천으로 회군하였다. 관군의 공세에 5월 초에 대장 이경응과 순문장 장한두, 성익현 등은 의병을 거느리고 강릉의 민용호 의병에 합류하였다. 유중락, 유홍석, 김경달 등 가평 일대에서 유격전을 수행하던 의병들은 유인석의 제천의병에 합류하여 활동을 계속하였다.[8]

춘천의병 전투지인 가평 보납산

(2) 강릉의병

여주 출신의 민용호(閔龍鎬)[9]는 1월 30일 평창, 영월, 정선 지방의 포수로 의진을 구성하여 1896년 1월 17일 원주의 남쪽 30여 리 떨어진 신림에서 이병채, 송현순 등과 함께 의병을 일으키고 대장에 추대되었다. 민용호 의진은 평창을 점령하고 1월 24일 방림에서 격문을 발표하여 의병의 뜻을 밝혔다.

민용호는 1월 29일 의진을 편성하고 강릉에 진입하여 토착세력을 포섭하였다. 그리고 경무관보 고준식을 처단하였으며, 강릉의 선비 권인규를 초빙하여 각종 포고문을 작성하여 의병의 뜻을 널리 전파하였다. 육지와 해안에 봉수장(烽燧將)과 망해장(望海將)을 두었으며, 무사청과 예빈소도 설치하였다. 또한 권익현, 권명수, 이경한, 김윤희 등을 강원도와 함경도 각지에 소모사(召募使, 의병을 모집하기 위하여 임시로 파견하던 벼슬)로 파견하여 의병 모집과 일본군 방어의 임무를 맡겼다.[10]

민용호가 이끄는 2천여 명의 강릉의병은 원산의 일본거류지 공격을 위해 강릉을 출발하였다. 고성군수의 영접을 받고 3월 17일에는 원산에서 7, 80리 떨어진 안변의 신평에서 폭우를 만나 머물게 되었다. 이때 의병의 동향을 감시하던 일본군의 급습을 받았다. 일본군 원산수비대 병력과 원산에 정박하고 있던 군함 다카오(高雄)호에서 파견한 일본군 육전대는 19일 새벽 3시에 안변에 도착하여 신평에 주둔하고 있던 의병을 삼면으로 포위하고 아침 8시 40분부터 공격하였다. 오전 10시 30분까지 전투가 벌어졌다. 의병은 비가 내리는 상황에서 백병전을 수행하면서

강릉의병장 민용호

일본군을 맞아 결사적으로 항전했으나, 30여 명의 사상자를 남긴 채 패퇴하고 말았다.

일본군 수비대장 나카가와 유즈(中川祐須) 소좌는 3월 21일 군함 다카오호 함장인 오다 토루(小田亨) 대좌에게 보낸 보고서에서 "신평장(新坪場)에서 압수한 무기와 기타 서류가 너무 많아서 아직 조사를 완료하지 못했습니다. 또 포로 여러 명을 구금하였습니다"라고 하면서 참여한 의병의 총수를 1천여 명으로 보고하고 있다.

강릉의병은 이 전투에서 패하고 강릉으로 이동하였다. 민용호는 각 지역의 의병장에게 격문을 보내어 협력할 것을 호소하였다. 이에 경북 영양의 김도현(金道鉉) 의병장이 60여 명의 의병을 이끌고 합세하였으며, 삼척의 김헌경 의병장과도 연합하여 삼척의 삼봉산에서 전투를 치렀다. 4월 14일 치러진 이 전투에서 의병은 유리한 지형을 이용하여 항전하였으나 탄약이 떨어져 결국 오십천 변으로 퇴각하고 말았다. 강릉의병은 6월 중순 양양전투에서 승리하는 등 항전을 계속하였으며 그 후 고원 영흥 정평에서 활약하다가 9월 18일 함흥을 점령하기도 하였다. 그러나 일본군의 계속된 공격에 의병의 전력이 쇠퇴해져 결국 개마고원을 넘어 만주로 들어가 후일을 기약하였다.

한편 강릉 출신의 권인규(權仁圭)[11]는 강릉의병에 참여하여 주로 격문 또는 포고문 등의 문서를 작성하여 의병의 당위성을 알렸다. 그는 강릉에 들어 온 민용호에게 큰 기대를 했던 것으로 보인다. 12월 말에 「창의포고문」을 작성하여 민용호 의진이 설치된 사실을 알리고 의병에 참여할 것을 호소하였다. 아울러 일본을 임진왜란의 원수이며, 국모를 시해한 '섬 오랑캐'라면서 물리쳐야 함을 강조하였다. 그리고 우리가 원수를 갚지도 못했는데 또 고개를 숙이고 단발령과 같은 그들의 정책을 따를 수 없음을 분명히 밝혔다.

　권인규는 1896년 설을 쇠고 강릉의병에 다시 참전하여 관서와 관북지역의 선비와 서민들에게 의병에 동참할 것을 호소하는 '창의통문(倡義通文)'을 작성하였다. 여기에서 그는 강릉 지역에 의병도창의소(義兵都倡義所)가 창설되었음을 알리고, 관북은 이성계가 왕업의 기초를 닦은 곳이요, 관서는 기자(箕子)의 첫 교화를 받은 곳이라면서 이 난세를 당하여 한번 죽어 대의를 이룰 것을 호소하였다.

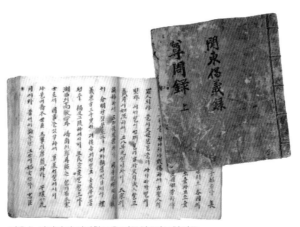

민용호 의병장의 의병활동을 기록한 『관동창의록』

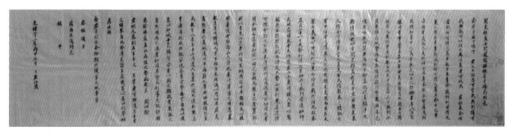

민용호 의병장 격문

또한 각 항구에서 일본에 붙어서 생활하는 자들을 깨닫게 하기 위해 '효유문(曉諭文)'을 발표하였다. 그는 이 효유문에서 "우리 땅에 머물러 있는 왜놈은 종자도 없이 모조리 없애야 한다" 그리고 "소위 우리나라 대신으로 왜놈의 심복이 된 자와 수령들로 백성을 협박하여 머리를 깎게 하는 자는 용서 없이 처단해야 한다"면서 일제와 부일개화파를 철저히 처단할 것을 밝히고 있다. 아울러 그는 의병이 거리에 넘치고 있으며, 의병이 가는 길에 일제와 붙어 협력하는 자는 목숨을 부지할 수 없음을 경고하였다. 이어서 의병에 합세하여 일제를 격퇴하는 데 힘을 합칠 것을 호소하였다.

3) 충청 지역

(1) 제천의병

제천의병(堤川義兵)은 1896년 1월 안승우(安承禹)와 이춘영(李春永)이 거의(擧義)한 지평의진(砥平義陣)에서 시작되었다. 안승우는 지평의 포군장 김백선(金伯善)을 비롯한 포수 400여 명을 주 병력으로 하여 원주 관아를 점령하였으며, 이어서 1월 17일 제천에 무혈 입성하였다.

이때 서상렬, 이필희, 오인영, 배시강 등이 의진에 참여하였다. 이필희(李弼熙, 1857-1900)를 대장에 추대한 지평의진은 단양 군수를 구금시키고 일본군과 관군을 단양의 장회나루 전투에서 물리쳤다. 그러나 관군과 일본군의 계속된 추격에 의병대는 흩어졌다.

이러한 사태에 유인석(柳麟錫)[12]은 중국 망명을 포기하고 의병을 지휘하게 되었다. 1896년 1월 28일(음력, 12월 15일) 유인석은 영월에서 총대장에 추대되어 의진을 제천으로 진격시켜 관아를 접수하고 관아 뒷산인 아사봉에 본영을 설치하였다. 그는 중군장에 이춘영, 전군장에 안승우, 후군장에 신지수, 선봉장에 김백선, 소모장에 서상렬을 임명하고 각지에 격문을 띄워 항일전 참여를 호소하였다.

제천의병장 유인석

제천의병 사령부 터-아사봉 정상부

그는 격문에서 소중화의 조선이 왜의 침략과 이를 방조한 개화파 관리들이 문을 열고 적을 받아들여 금수의 지경에 떨어지게 되었다고 하였다. 이어서 갑오변란으로부터 조선은 망한 것이나 다름없다면서 국모 시해와 단발의 화가 계속됨을 통탄하고 각도의 충의지사는 과감히 일어나 거의에 참여할 것을 호소하였다.

　무릇 각도의 충의지사는 다 같이 성조(聖朝)에서 길러낸 인물이다. 환난을 피하는 일이 죽음보다 심함이 없으니 망하기를 기다림보다 토벌함이 나을 것이다. (중략) 여기서 감히 먼저 일어난 처지에 이렇게 포고하는 것이다. 위로 공경(公卿)으로 부터 아래로 신민에 이르기까지 그 누가 절박한 마음이 없을 것이랴. 이야말로 참으로 존망의 시기이니 각자가 거적자리에서 자고 창을 베개 삼으며 또한 모두 끓는 물에라도 들어가고 불에라도 뛰어 들어서 이 나라의 재조(再造)를 기약하고 천일(天日)을 다시 밝게 보아야 할 것이다. 이렇게 글을 보내어 효유하는 것은 이후에 혹시라도 영을 어기고 도망가거나 태만히 하는 사람이 있다면 이것은 곧 역적의 무리와 같으므로 단연 군사를 먼저 옮겨 토벌할 것이니 각자 명심하여 후회하는 일 없게 하고, 적은 성의나마 다하여 함께 대의를 펴가야 할 것이다.[13]

제천의병은 1896년 2월 16일(음력, 1월 5일) 충주성 공격을 개시하였다. 이 시기 의병의 총수는 1만 명에 이르렀던 것으로 알려지고 있다. 다음 날 남한강 상류인 북창나루를 건너 충주성을 공격하였다. 당시 충주성에는 경군 400여 명과 지방 진위대 500여 명 그리고 200여 명의 일본 수비대가 있었다. 그러나 의병은 충주성 함락에 성공하였으며, 관찰사 김규식을 체포하여 처단하였다. 제천의병의 충주성 점령은 전기의병에서 최대의 전과로 평가되며 이후 각지에서 의병 봉기를 고무시키는 데 큰 자극이 되었다.

제천의병의 격문 '격고팔도열읍'

충주성을 함락한 뒤 유인석은 소모장 이범직을 호서 지역에 파견하여 천안 군수 김병숙을 처단하고 선유사 신기선을 잡아 가두었다. 당시 단발을 혹독하게 강요한 자 중에 천안의 김병숙을 지목하였던 때문이었다. 유인석은 각처의 의진에 연락을 취하여 합세할 것을 요청하였다. 이에 원근 지방의 의병들이 충주성으로 모여들어 제천의병은 중부 지역의 의진을 규합한 연합의진의 성격을 띠게 되었다.

제천의병 주둔지-충주성(충주감영 청녕헌)

제천의병은 수안보와 가흥에 주둔하고 있던 일본군의 격퇴를 주요 목표로 삼아 작전을 폈다. 그러나 2월 26일 수안보 전투에서 이춘영이 전사하고, 충주성 공방전에서 주용규가 전사하는 큰 손실을 입었다. 제천의병은 3월 5일 많은 희생자를 낸 채 충주성을 포기하고 제천으로 후퇴하였다. 유인석은 안승우를 중군장으로 삼아 전열을 정비하였다. 이때 이강년이 의병을 이끌고 의진을 찾아와 유인석과 사제의 의를 맺었다.

이외에도 영춘에서 권호선이 포수를 이끌고 왔으며, 이명로의 횡성의병도 합류였다. 그러나 3월 27일 선봉장 김백선의 처형 사건 이후 병사들의 사기가 떨어졌고, 결국 5월 25일 제천의 남산 전투에서 관군과 일본군의 집중적인 공격을 받아 패하여 서행(西行)의 길을 택하게 되었다.

고종의 해산조칙에 유인석은 구제도를 회복하지 못했음과 침략자인 일본군을 물리치지 못했음을 들어 의병을 해산할 수 없음을 분명히 하였다. 이후 춘천과 안변, 맹산, 덕천, 운산을 거쳐 8월 24일 초산에서 압록강을 거쳐 중국의 회인현으로 들어갔다. 그러나 제천의병은 회인현재(懷仁縣宰) 서본우(徐本愚)의 제지로 8월 29일 무장해제 당하였으며 유인석 등 21명을 제외한 나머지 의병은 강제로 귀국하였다. 제천의병이 제천 전투에서 패하여 수산에서 서행을 결정한 후, 국경을 건너 의병을 해산하고 통화현(通化縣)에 이르기까지의 경로를 보면 다음과 같다.

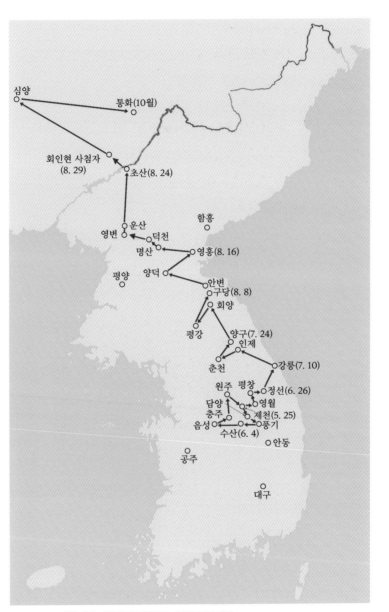

제천의병 서행 항쟁도(일자는 양력 표기임)[14]

유인석 일행은 중국의 심양(瀋陽)으로 들어가 가원개(賈元桂)에게 군사 지원을 요구하였다. 그러나 일본과의 전쟁을 야기할 빌미가 될 수 있다면서 요구를 거절하였다. 이로써 유인석은 청 나라의 원병 역시 기대하기 어렵다는 것을 깨닫고 그해 10월 통화현(通化縣) 오도구(五道溝)에 들어갔다. 그는 그곳을 '복고제(復古制), 척왜독립(斥倭獨立)'을 위한 근거로 정하고 망국단(望國壇)을 만들어 참배하며 재기를 기다렸다.[15]

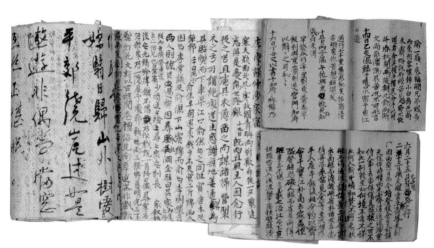

『서행일기』 제천의병의 종사관 이조승이 의병을 일으킨 유인석이 제천을 떠나 서간도로 망명하기까지의 과정을 기록하였다.

신빈현 평정산진에 세워진 유인석 기념비

(2) 홍주의병

홍주의병은 청양의 안창식(安昌植) 등 재야의 유생들과 김복한(金福漢) 등 홍주 지역 관료유생들에 의해 일어났다. 안창식 등은 을미사변의 비참한 소식을 접하고 의병을 모집하고 무기를 준비하였다. 이들의 의병 추진은 단발령이 공포된 후 더 구체화되어 갔다. 비밀리에 추진해 오던 일제와 매국적 개화정권과의 일전을 결행하기 위한 계획을 실천에 옮기기 시작하였다.

홍주 출신의 김복한과 이설(李偰)은 문과에 급제하고 승지가 되어 임금을 보필하였으나 청일전쟁 후 일제의 침략이 노골화하자 1894년 7월 관직을 그만두고 낙향하였다. 집에서 두문불출하던 이들은 을미사변과 단발령 공포를 접하고 의병을 일으키게 되었다.

김복한[16]은 이설과 홍건, 그리고 홍주향교 전교 안병찬(安炳瓚)을 만나 의병을 협의하였다. 이미 부친 안창식과 함께 의병 준비를 하던 안병찬은 김복한과 의기투합하여 1896년 1월 12일(음, 1895년 11월 28일) 청양의 강변에 사는 이인영 집에서 향회를 실시하고 의병을 모집하였다. 김복한은 이봉학, 이상린, 청양군수 정인희에게도 글을 보내 의병에 참여할 것을 권하였다.

1월 14일(음, 1895년 12월 1일) 저녁에는 정산과 청양의 이봉학과 이세영, 김정하 등 수백 명이 나그네 또는 장사꾼으로 가장하고 성안에 들어왔다. 다음 날 박창로가 사민 수백 명을, 청양의 선비 이창서가 청양군수 정인희의 명령을 받아 수백 명을 인솔하고 홍주부에 집결하였다. 여기에 안병찬과 채광묵이 모집한 의병 180명이 대기하고 있었으니 그 군세는 홍주부를 위압하기에 충분하였다. 김복한은 의병이 관아에 집결하였을 때 관찰사의 참여를 유도하기 위해 경무사 강호선과 참서관

홍주의병장 김복한

홍주아문

함인학의 목을 베고자 하였다. 의병들이 경무청을 부수고 이들을 동문 밖으로 끌어내어 결박, 구타하기에 이르렀다. 관찰사는 이들을 살려줄 것을 호소하고 결국 의병에 참여하기로 하였다.

1월 16일 홍주성 내에 창의소(倡義所)를 설치하고 김복한이 대장에 추대되었다. 김복한은 홍주부 관할 지역에 통문을 띄워 노약자와 독자를 빼고 매 가구마다 한 사람씩 의병에 응모하기를 청하였다. 집집마다 이를 피하지 않고 죽을 것을 맹세하고 자진 응모하였다.

한편 관찰사 이승우는 절제사에게 명령을 내려 당일로 군사를 모집하여 오게 하였으며, 이설을 불러 장계(狀啓)와 각국 공사관에 보낼 격문을 작성하도록 하였다. 창의소에는 김복한과 이설, 안병찬, 이상린이 잔류하였으며, 의병 초모(招募)와 산성 수리를 위하여 송병직, 채광묵, 이창서 등을 파견하였다. 청양군수 정인희는 창

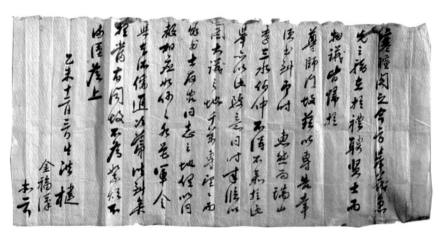

김복한이 작성한 홍주의병 통문

의소를 별도로 청양읍내에 설치하고 홍주부에 연락을 취하여 포군 500명과 화포 1천 자루를 관찰사에게 요청하였다.

그러나 다음 날 관찰사 이승우가 배반하였다. 그는 김복한 등의 권유와 위협에 마지못해 의병에 참여하였으나 실패를 두려워하여, 김복한과 이설을 비롯한 총 23명을 구금하였다.

1월 20일 서울에서 신우균이 군사 250명을 이끌고 내려와 김복한 등으로부터 진술서를 받았다. 2월 12일 수감자 23명은 결박당한 채 서울로 압송되었다. 압송되어 가던 이들이 신례원에 도착하였을 때 이승우는 아관파천과 김홍집의 처형 소식을 들었다. 관찰사 이승우는 이들을 다시 홍주감옥에 구금시켰다가 김복한 등 6명을 한성재판소에 이송시켰으며, 나머지는 풀어주었다. 이들은 3월 6일 고등재판소 재판장 이범진의 공초를 받았다. 3월 8일 김복한은 유배 10년, 홍건, 이상린, 송병직, 안병찬은 징역 3년, 이설은 장60대를 선고받았다. 하지만 임금의 특지(特旨)에 따라 모두 사면 석방되었다.[17]

4) 영남 지역

(1) 김산의병

　김산(김천의 옛 이름)과 선산 그리고 상주 등지의 유생들은 을미사변 소식을 듣고 연락을 취해 의병을 일으켰다. 상주의 유생 이기찬은 이기하와 함께 허위를 찾아가 의병을 협의하였다. 이때 허위는 김천과 구성 지역에서 진사 조동석, 유도섭 등과 의병을 규합하고 있었다. 이기찬은 이들과 합세하여 1896년 2월 11일 군사적 요충지인 김천으로 들어가 의병 근거지로 삼았다.

　김천에서는 이미 이곳의 향반 출신인 여영소, 여중용 등이 중심이 되어 통문을 띄우고 거의(擧義)를 준비하고 있었다. 이들은 김산 군수 이범창을 영입하여 관민이 합세한 의병을 조직하고자 하였다. 그러나 이범창은 관찰사 이중하의 친척으로 거사를 무산시키는 데 뜻이 있었다. 그는 거사 일을 2월 22일로 늦추도록 하고서 감영으로 가버렸다. 이러한 가운데 상주, 선산 측의 이기찬과 허위 등이 의병을 이끌고 김천에 들어와 여영소 등이 이끄는 의병과 연합하여 3월 10일 김산향교에서 김산의병을 일으켰다.[18]

　이기찬(李起燦)은 의병들에 의하여 창의대장에 추대되었다. 그는 조동석을 군문도총, 강무형을 찬획, 허위를 참모장, 이시좌와 여영소를 서기, 양제안을 중군, 윤홍채를 선봉에 임명하고 인근에 격문을 발송하여 국난에 처하여 모든 이가 의병 대열에 나서서 국치를 설욕할 것을 천명하였다. 김산의병은 장날에 읍으로 들어가 수백 명의 의병을 모집하고 무기고를 습격하여 무장하는 등 군세를 강화하였다. 이때 전 무주 부사 이탁이 화약 300근을 보내주기도 하였다.

의병장 허위

김산의병 창의지-김산향교(명륜당)

김산의병은 대구부를 공격하기 위해 군량 확충과 모병을 하던 중 3월 14일 지례에서 관군을 맞아 전투를 치렀다. 그러나 연합부대로 형성된 김산의병은 지휘 체계의 미비와 전투력의 열세로 패하고 말았다. 이후 의병장 이기찬을 비롯한 주력은 지례의 홍심동으로 들어가 부의장에 이주필, 우익장에 이성백, 도집례에 유인목, 운량도감에 조석영을 추대하여 진용을 보강하였다.

의진은 이곳에서 전 판서 이용직으로부터 쌀 80여석을 군량으로 지원받았다. 흩어졌던 장졸들이 사방에서 모여들었으며, 이기찬은 이들을 훈련시켜 재기를 준비할 수 있었다. 또한 의병 중에 조모라는 이가 민가를 약탈하자 그를 체포, 효수하여 군율을 엄정히 하였다. 이어서 영동 군수 민치순에게 가렴주구의 죄를 추궁하였다. 이 소식을 듣고 인근의 수령 중에 도망하는 자가 속출하였다.

4월 5일 김산의병은 구성면 도곡천에서 경상 감영의 관군과 대치하게 되었으나 이 접전에서 의병들은 패하고 말았다. 의병장 이기찬은 여영소, 여중용, 양제안 등 지휘부를 이끌고 황간으로 들어갔다. 그 후 김산의병은 속리산 아래 장내에서 전투를 치렀으며, 충청도의 음성에서 유인석의 제천의병에 합세하였다.

그러나 김천 지역이 관군에 의해 장악된 뒤에 의병에 참여한 사람과 가문은 극심한 탄압을 받았다. 어영소는 가산을 빼앗겼으며 부모도 체포되었다. 여영하의 집도 화를 당했다. 양제안은 유인석 의진이 패한 뒤 지례로 들어왔다가 관군의 추격을 피해 영일군 죽장면에 은거하였다. 조동석은 상주에서 잡혀 순국하였다.

안동의병 창의지-봉정사

(2) 안동의병

안동지역의 유림들은 단발령 소식을 듣고 5백년 지켜 온 예의 문물이 하루아침에 망했다고 하면서 의병을 준비하였다. 이 움직임은 안동 지역에서 대표적 서원인 호계서원(虎溪書院)과 청성서원(靑城書院) 그리고 경광서원(鏡光書院)을 중심으로 이루어졌다. 청성서원과 경광서원에서는 통문을 보내 "5백년 의복문물의 마을에 하루아침에 단발은 불가"하다고 선언하였으며, 봉정사에서 만날 것을 통지하였다. 봉정사 모임은 계획대로 추진되었다.

이들은 1월 18일 안동부에서 1천여 명이 참석한 가운데 향회를 실시하였으며, 호계서원에 도소(都所)를 차리고 창의할 것을 결의하였다. 1월 20일 안동부 청사 내의 삼우당에서 인근의 사민 1만여 명이 집결하였다. 이때 지휘부에는 유치명의 문인인 김흥락, 유지호, 김도화와 하회의 유도성, 유지영 등 안동 유림의 대표들이 자리 잡았다. 이들은 창의를 결의하고 대장에 유곡의 권세연을 추대하였다.

권세연(權世淵)[19]은 1월 21일 아침 연무당에서 부장에 곽종석을 임명하는 등 의진(義陣)을 편성하였다. 안동부는 의병에 의해 완전히 장악되었으며, 관찰사 김석중은 신변에 위험을 느끼고 탈출하였다.

김석중은 의병진이 정비되기 전에 대구부의 관군을 이끌고 예천군수 유인형의 지원을 받아 안동부의 탈환을 시도하였다. 권세연은 선봉장 김옥서에게 명령을 내려 포군 70여명을 거느리고 예천 쪽에서 관군에 대응하게 하였으나 패하고 말았다. 관찰사는 1월 30일 수백 명의 관군을 거느리고 안동부에 들어왔다. 대구 병정 300명은 그날로 돌아갔다. 안동부를 접수한 관찰사는 의병소에 들어가 의병의 문부와 전곡을 압수하여 갔다. 이어서 단발을 하고 주민에게도 단발을 강요하면서 각지에 순검을 풀어 강제로 삭발시켰다.

안동의병이 흩어진 뒤 예안과 예천 등 인근의 읍에서 의진이 편성되었다. 2월 16일 선성의병(宣城義兵)이 청량산에서 일어나 이중린이 대장에 추대되었으며, 예천에서는 다음 날 박주상을 대장에 추대하였다. 권세연의 안동의병 역시 의진을 수습하여 안동부의 공격을 기도하였다. 관찰사는 이러한 의병의 기세에 눌려 더 이상 안동부에 있을 수 없다고 판단하고, 2월 19일 순검 몇 명을 이끌고 안동을 빠져나갔다. 그러나 그는 문경에서 거의(擧義)한 이강년 의진(李康秊義陣)에 체포되어 문경의 농암 장터에서 처형되었다.

안동의병의 본진이 있던 안동향교(안동시 송천; 출처: 『사진으로 보는 근대 안동』)

안동의병장 권세연은 이상룡, 유시연 등과 함께 관찰사가 처형된 날 안동부에 무혈 입성하고 안동향교에 진을 쳤다. 이날 안동의병은 김도현의 선성의병과 영천의병 등 인근의 의병들과 함께 입성하였다. 권세연은 조직을 전투적인 체제로 개편하여 전투를 대비하였다. 봉화의병장 금석주가 포군 50여 명을 이끌고 안동에 왔으며, 제천의병 소모장 서상렬이 안동의 안기에 100여명을 거느리고 나타났다.

의병장 권세연은 의진이 재정비되자 사퇴하였다. 후임으로 향원들은 3월 12일 김도화(金道和)[20]를 의병장에 선출하였다. 김도화는 각지에 격문을 보내 의병에 참여할 것을 호소하였다. 안동의병은 태봉의 일본 병참부대를 공격하기로 하고, 서상렬 의병을 비롯한 인근의 의병들과의 연합작전을 펼치고자 하였다. 이에 따라 안동의병 비롯하여 풍기, 순흥, 영천, 봉화, 청송, 예천, 선성의진 등 영남 북부 지역 7읍의 의병들과 서상렬 의진 등이 연합하여 2월 9일 예천에 집결하였다.

안동의병장 김도화의 묘(안동시 송천)

연합의진(聯合義陣)은 태봉을 공격하기 전에 예천 군수 유인형을 참수하여 기세를 올렸다. 연합의진에서는 태봉의 지형을 보면서 작전 계획을 세웠다. 연합의진과 일본군과의 전투는 3월 28일(음, 2월 15일) 밤에 시작되었다. 서상렬 의진의 선봉장 황기룡이 거느린 의병과 일본군과의 교전이 한밤중에 있었다. 다음 날 아침 일찍부터 연합의진의 태봉 공격이 시작되었다. 의병들은 태봉을 둘러싸며 공격하였다. 아침부터 시작된 태봉 전투는 제방을 사이에 두고 치열한 접전을 계속하였다. 그러나 제방을 일본군에 의해 빼앗기고, 개울 옆의 산위에서 대응하던 의진은 저녁 무렵 일본군의 총공격에 밀려 모두 퇴각하고 말았다.

일본군은 태봉전투에서의 승세를 타고 인근의 의병 진압에 나섰다. 4월 1일(음, 2월 19일)에는 예천에 도착하여 의병들이 없자 의병의 집에 방화하였다. 이로 인해 부장 장석규 형제의 집과 의병의 집 5채가 불탔다. 일본군은 다음 날 아침 일찍 풍산에 주둔하고 있던 안동의병을 기습 공격하였다. 일본군은 안동의 송현까지 추격

안동 등 경북 연합의병의 전투지 상주 태봉

해 와 안동부를 의병의 소굴이라 하여 민가에 불을 질렀다. 마침 바람을 타고 불길이 온 읍을 덮쳐 안동읍 1천여 가구의 민가가 불탔다. 일본군들은 봉정사에 진을 치고 부중의 재산을 빼앗고 심지어는 마을의 부녀자를 음욕하기까지 하였다.

안동의병은 선유사(宣諭使, 병란이 났을 때 임금의 명령으로 백성을 훈유하던 임시 벼슬)들에게 '격고문'을 보내어 해산의 칙유에 따를 수 없음을 분명히 하였다. 그러나 고종의 효유문(曉諭文)을 받고 관군과 일본군의 추격을 당하게 되자, 더 이상 항전하지 못하게 되었다. 그 결과 7월 초에 안동의병은 각자 흩어져 영양이나 춘양, 혹은 오천으로 들어가면서 사실상 해산되었다.

안동의병은 정재(定齋) 유치명(柳致明)의 문인들을 비롯한 안동부 지역민들의 광범위한 참여로 성립되었다. 문중은 물론이고 향교, 서원, 사당, 서당 등 각 기관에서 군자금을 약속하고 의연하는 등 향촌 사회의 적극적인 호응과 지원 하에 이루어졌다. 안동의병은 태봉에 주둔하고 있던 일본군 병참부대를 공격하여 경상도 북부 지역에 있는 일본군의 근거지를 무너뜨리고자 하였다. 비록 태봉 전투에서 패하여 기대했던 목적을 달성할 수는 없었다. 하지만 일본군 다수를 살해하는 등 전과를 거두었으며, 지역민의 항일 의식을 고양시켜 이후 독립운동의 기반을 조성하였다.[21]

(3) 경북 북부지역 의병

명성황후가 시해되고 단발령이 공포되자, 안동과 김천 외에도 경북 북부지역의 영양, 의성, 청송, 봉화, 선성 등 각지에서 의병이 활발히 일어났다. 영양에서는 김도현, 의성에서는 김상종, 청송에서는 심성지, 봉화에서는 금석주, 예안에서는 이만도 등이 봉기하였다. 풍기에서는 김교명이 창의장이 되어 안동의병에 합세하였으며, 순흥에서는 홍종선이 창의하여 예천회맹에 참가하였다. 예천에서는 박주상과 장석규가 창의하여 고평전투를 치렀으며, 진보에서는 허겸이 창의장이 되어 영양의 김도현의병과 제휴하기도 하였다. 이 글에서는 영양, 의성, 청송, 봉화의병을 중심으로 살펴보기로 한다.

영양 지역에서 의병 봉기를 준비한 이는 김도현(金道鉉)[22]이다. 김도현은 1896년 2월 17일(음, 1월 5일) 안동의병의 소모장 유시연의 권유를 받고 청량산으로 들어가 의병을 일으켰다. 그는 봉화와 영주 지역을 돌면서 의병을 모집하고 안동으로 들어가 영호루 앞 백사장에서 진법을 훈련하였다.

안동의병과 합진(合陣)에 실패한 그는 영양으로 회군하였다. 영양에는 조승기가 의병을 봉기한 상태에 있었으나 합진에 실패하자 김도현은 예안으로 가서 선성의병에 합세하였다. 선성의병은 1896년 1월 25일 결성되었다. 대장은 이만도, 부장은 이중린이었다. 그러나 안동을 탈출했던 김석중이 경군을 이끌고 안동부를 공격하자 안동의병이 퇴각하였는데, 이 소식을 접한 선성의병이 해산한 바 있다.

선성의병은 2월 16일 다시 결성되었는데 1차 의진의 부장이었던 이중린이 청량산에서 다시 거병한 것이다. 김도현은 3월에 선성의병의 중군장에 초빙되어 합세하게 되었다. 이때 그는 영덕 군수 부자의 목을 베고 예천회맹에 선성의병의 본진을 이끌고 참여하였다. 예천회맹에 참여한 김도현 의병은 태봉전투에서 일본군의 공격에 밀려 퇴각하고 말았다. 그는 중군장을 사퇴하고 영양으로 돌아왔다.

김도현은 강릉의병 소모사 이호성의 권유로, 4월 하순경 60여 명의 의병을 거느리고 강릉으로 들어갔다. 민용호는 김도현을 선봉장에 임명하고 군사들에게 당포를 주어 옷을 만들어 입도록 하였다. 김도현은 강릉의병에 합류한 후 서울에서 온 관군과 대공산성에서 접전을 벌였으나 화력에 밀려 패하고 흩어졌다. 김도현은 강릉의병과 함께 삼척으로 이동하여 삼척의 김헌경 의병과 연합하여 활동하였다.

김도현 의병은 5월 31일 강릉의병과 함께 삼척에서 관군과의 전투를 벌였다. 관군의 공격으로 시작된 이날 전투에서 의병은 처음에는 유리한 지형을 점령하고 있어

경북 북부지역 의병봉기도

우세하였다. 그러나 탄약이 떨어져 전세가 역전되어 오십천 변으로 밀렸다. 의병은 관군에게 큰 피해를 입혔으나 결국 삼척을 떠나 정선 지역으로 퇴각해야 했다.

삼척전투에서 퇴각한 김도현은 남은 군사를 이끌고 고향인 경상도 영양으로 돌아와 검산성을 쌓고 항전을 계속하였다. 그러나 김도현은 각 지역의 의병 해산과 패산을 보면서 결국 총 113자루를 숨겨 후일을 기약하면서 1896년 중양절인 10월 15일(음, 9월 9일) 영양군 청기면에서 부대를 해산하였다.

영양의병장 김도현

김도현 의병장이 사용한 창의검

의성 지역에서는 1896년 3월 25일(음, 2월 12일) 의병이 봉기하였다. 유생들은 향회를 개최하고 김상종(金象鍾, 1847~1907)을 의병장에 추대하였다. 이때의 진용을 보면, 대장 밑에 중군장으로 권대직, 선봉장에 김수담, 우익장에 이희정, 소모장에 김수욱, 관향장에 김수협이 있었다. 이들 주도층은 김상종·김회종 형제가 안동의 유학자 김흥락과 김도화의 문인이니 정재학파(定齋學派)의 유생들임을 알 수 있다. 김수담, 김수욱, 김수협 등은 모두 신안동 김씨로 의성군 점곡면 서변리에 세거하는 김상종의 족숙(族叔)에 해당한다.

의성의병은 4월 2일 의성읍 구봉산에서 관군과 첫 전투를 치렀다. 남쪽에서 관군이 올라온다는 소식을 들은 의진은 구봉산에 진을 치고 대비하였다. 전투는 새벽에 시작되어 오후 1시 무렵까지 계속되었다. 첫 전투는 의병 측의 승리였으나 관

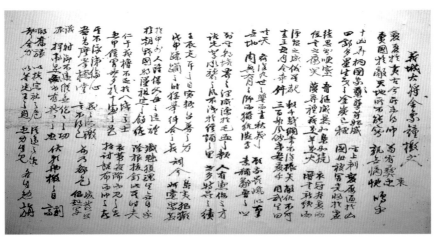

의성의병장 김상종 격문

군의 공격을 끝까지 막아내지는 못하였다. 점차 뒤로 밀리게 되어 읍내를 포기하고 물러났다. 관군은 의성 읍내의 집들을 불태우는 만행을 저질렀다.

의성의병은 5월 10일에는 황산에서 대구와 군위의 관군과 전투를 치렀다. 그러나 전투 중에 큰비가 내려 화약을 쓸 수 없게 되었다. 의진은 이 전투에서 참패했고 김수담, 김수협 등 많은 의병이 전사하였다. 김회종의 『병신창의실록』에 의하면, 황산에서 27명, 고무곡에서 2명 도합 29명의 의병이 희생되었다 한다.

의성의병은 남한산성 전투를 치르고 내려온 김하락의 이천의병과 연합하여 투쟁하기도 하였다. 이들은 5월 20일 관군 200여명이 남쪽 산운리 쪽으로 들어온다는 보고를 받고 수정사에 본진을 구축하여 관군의 공격에 대비하였다. 이천의병의 좌우익장 신용희와 김경성 부대는 비봉산에 매복하였으며, 조성학은 수정동 입구에 매복하였다. 김두병은 비봉산 아래에 주둔하였으며, 중군과 김순삼은 천마봉에 매복하였다.

정오경에 수정동으로 들어오는 관군과 첫 전투가 벌어졌다. 수정동에 잠복해 있던 조성학 부대가 공격하여 관군을 청로역 방면으로 퇴각시켰다. 관군의 공격은 그로부터 5일 후인 5월 25일 아침에 다시 시작되었다. 이 전투는 다음 날까지 계속되었다. 화약이 날아갈 정도로 바람이 거세게 부는 날씨여서 의병은 화승총에 화약을 잴 수 없는 형편에 이르게 되었다. 김상종은 결국 헛되이 죽는 것이 아무런 의미가 없다면서 각자 해산할 것을 명령하였다.

의성의병 주둔지-수정사

　　청송 지역에서의 의병은 1896년 3월 12일(음, 1월 27일) 봉기하였다. 유생들은 심성지(沈誠之, 1831~1904)를 대장에 추대하였다. 심성지는 춘추대의론에 입각하여 창의의 당위성을 밝히고 다음 날 대장직에 올라 여러 장수들을 선임하고 참모와 서기를 뽑았다. 이어서 대장기를 세우고 축문과 창서사(唱誓詞)를 지어 천지신명께 축원하였으며 남천 백사장에서 군사 훈련을 실시하였다.

　　지도부는 심성지 등 양반유생으로 구성되었는데, 이들은 학문적으로 유치명의 문인이거나 그와 교유 관계에 있는 이들이었다. 병사부는 포병 100여 명과 농민, 그리고 보부상 등으로 구성되었다. 청송의병은 의병 군자금을 위해 향도청을 설치하

여 군량을 모았다. 향도청에서는 각 문중에 일정액을 분담시켜 군량을 확보하고자
하였으며, 살림이 넉넉한 집들로부터 자발적인 의연금을 받고자 하였다.

청송의병은 창의 후 안동의병을 비롯하여 의성의병, 영덕의병 등과 밀접한 관계
속에서 활동하였다. 김하락 의진이 의성으로 들어온 후인 5월 13일에는 의성의병
과 청송의병, 이천의병과 연합의진을 결성하였다. 이 연합의진은 다음 날 안덕면
감은리 뒷산인 성황현에서 관군과 전투를 수행하여 전과를 올렸다. 이후 청송의병
은 경주성 전투에도 참전하였다.

청송의병 결성지-청송객사 전경

봉화 지역에서는 1896년 2월말 의병이 일어났다. 대장은 금석주(琴錫柱, 1857~1921)로 3월 8일 의병을 이끌고 안동으로 들어가 안동의병 등과 연합의진을 결성하였다. 안동 의병과 봉화 의병을 비롯한 7읍의 연합의진은 풍산 도회(都會)를 열고 상주의 태봉에 주둔하고 있던 일본 병참부대와 전투를 수행하였다. 태봉전투에 참여한 봉화의병은 대장 이하 70여 명에 달했다. 봉화 의병은 태봉전투에서 포졸 53명을 5대로 나누어 일본군 병참 앞 천방 아래로 투입하여 왜병 4명을 사살하는 전과를 거두었다.

그러나 포졸 엄학성이 부상을 입었으며, 일본군의 집중 공격으로 다른 의진과 함께 퇴각하였다. 봉화 의병은 산양과 경진 등을 거쳐 3월 31일 봉화로 퇴각하고 진영을 재정비하였다. 흩어진 의병을 다시 모으고 각 문중에 배당하는 문배전(門配錢)을 할당하여 군량을 확충하였다. 이후 봉화의병은 풍기, 순흥, 영주지역의 의병과 협조 체제를 형성하면서 죽령 이남을 방어하는 데 주력하였다.

(4) 진주의병

진주의병은 1896년 2월 노응규[23]에 의해 함양의 안의에서 시작되었다. 의병 봉기의 이유는 명성황후의 시해를 복수하고자 함에 있었다. 노응규는 덕유산 기슭에 위치한 장수사(長水寺) 승려인 서재기를 선봉장에 임명하였다. 그리고 자신의 문인인 정도현, 박준필, 최두원, 최두연 등과 그 외에 임경희, 성경호 등으로 의병진을 편성하고 2월 19일(음, 1월 7일) 저녁에 진주성에 도착하였다. 의병대는 진주향교에 들어가 성안의 동정을 살피고 공격의 계획을 수립하였다.

의진은 다음 날 새벽 순식간에 진주성을 점령하였다. 이때 성을 지키던 순검 2명과 중방 1명은 철퇴를 맞고 사망하였으며, 관찰사 조병필과 경무관 김세진은 대구로 도피하였다. 참서관 오현익은 성을 탈출하여 삼가의 토곡까지 도주하였다가 체포되어 진주성에서 효수되었다.

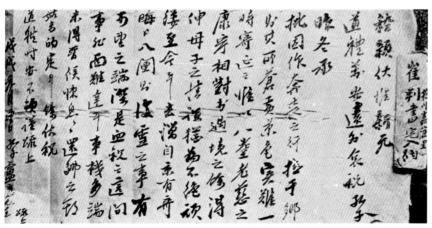

최익현에게 보낸 노응규의 서한

진주성을 점령한 노응규는 고종에게 창의소(倡義疏)를 올려 "절사(節士)는 목숨을 경솔히 버리지 않으며, 의리를 붙잡는 것은 군자의 의무이기에 적개심을 이기지 못하여 의병을 일으켰다"고 의병의 뜻을 밝혔다. 또한 그는 "석 달 안에 왜적을 축출하고 선왕의 문물과 토지를 회복할 것"을 밝혔다.

노응규 의병진이 진주성을 점령하자 진주 부민들도 정한용을 대장으로 의병진을 결성하고, 성 밖에 진을 쳤다. 노응규는 성안에 초현관을 임시로 설치하고 인근에 방문을 내걸었다. 1)경륜이 뛰어난 자, 2)도략이 있는 자, 3)문학에 능한 자, 4) 주술(籌術)에 능통한 자, 5) 비력(臂力)이 있는 자를 초빙하여 각 지역의 치안과 행정을 담당하게 하고자 하였다. 노응규는 또 한편으로 의병 모집을 위해 각 면리에 전령을 보내 두 가구마다 군사 1명씩을 내게 하였다. 2월 26일에는 하늘에 제사를 올리

노응규 의병 주둔지 진주성 선화당

고 임진왜란 때 진주 수성전(守城戰)에서 순절한 3장사 및 의기사(義妓祠)에도 제사를 올려 지역 주민의 의기를 고무시켰다.

대구로 도망간 경무관 김세진은 대구 진위대군을 지원 받아 진주의병을 공격하였다. 대구 진위대군은 2월 28일(음, 1월 16일) 의령에 도착하여 공전을 탈취하고 주민을 강제로 부대에 편입시켰다. 관군의 이와 같은 행위에 군수는 도피하고 의령 향교 측에서는 관군의 행적을 비밀리에 급히 통보해줬다. 노응규는 이 소식을 듣고 선봉장 서재기에게 별동대를 주어 출동하게 하였다 의병은 정암진에서 관군을 만나 패퇴시켰다. 그 뒤에도 대구 진위대군이 일본군의 지원을 받아 현풍을 거쳐 진주로 공격해 들어왔으나 이 역시 의병에 의해 패퇴당했다.

이와 같이 대구부에서 파견된 관군을 두 차례에 걸쳐 격파하고 다수의 전리품을 노획하자 의병의 사기가 올라갔다. 노응규는 점차 활동 범위를 넓혀 부산과 근접한 함안, 김해 일대까지 진출하여 일본군 수비대와 치열한 접전을 전개하였다. 이때 의령 출신의 이청로 부대도 합세하였다.

그러나 정부에서 파견된 이겸제가 이끄는 관군은 기우만 의병을 진압하고 그 여세를 몰아 3월 중순경 곧바로 진주로 들어왔다. 이때 토착세력인 정한용 의병대는 관군의 이간책으로 합천의 삼가로 이진하고, 선봉장 서재기 부대도 안의로 부대를 옮긴 상태여서 성안에는 노응규가 인솔하는 소수의 의병만이 주둔하고 있었다.

이겸제가 거느린 경군 5백여 명과 대구 진위대 군은 일시에 진주성을 공격하여 함락시켰다. 노응규는 간신히 탈출하여 삼가로 갔으나 정한용은 이미 의병을 해산한 후였다. 선봉장 서재기마저도 안의의 서리들에 의해 살해되었다. 결국 노응규는 안의의 서리들에 의해 부친과 친형이 살해당하는 아픔을 겪고 의병을 해산시키고 말았다.[24]

한말 의병운동

신암 노응규 의병장 순국 사적비(경남 함양군 안의)

5) 호남 지역

1895,6년 호남 지역에서의 의병 활동은 다른 지역에 비하여 크게 드러나지 않는다. 그것은 바로 전해인 1894년에 동학농민전쟁이 전라도 전 지역에 걸쳐 크게 일어났기 때문이다. 동학농민군은 일본군과 관군에 의해 진압되었으며, 그 과정에서 수많은 농민군이 살해되거나 유이민(遺移民)이 되었다. 그 결과 이 시기 호남 지역에서의 의병투쟁이 일어나는 것은 어려운 실정이었다.

호남 지역에서는 장성과 나주, 광주 지역에서 의병이 일어났다. 노사(蘆沙) 기정진(奇正鎭, 1798~1879)의 손자이며 노사학파(蘆沙學派)의 학통을 계승한 기우만(奇宇萬, 1846~1916)은 고향인 장성에서 기삼연, 고광순 등과 의병을 일으켰다. 기우만은 1895년 8월 을미사변의 소식을 듣고 통곡하면서 짚자리에서 잠자고 창을 베개로 삼는다며 의병을 결심하였다. 이윽고 11월 단발령이 내리자 각지에 통문을 보내어 의병에 참여할 것을 호소하였다. 이어서 고종에게 상소하여 적을 토벌하고 원수를 갚을 것과 단발령을 환수하여 옛 법도를 회복시킬 것을 주청하였다.

기우만은 1896년 3월 고광순, 기삼연, 김익중, 이승학 등과 장성의 향교에서 창의하였다. 이때 기우만은 각 읍의 아전과 군교들에게 통문을 보냈으니 재력과 군사력을 갖춘 이들이 우선적으로 초모(招募)의 대상이 되었음을 짐작할 수 있다.

장성의병장 기우만

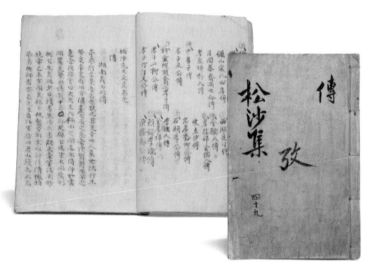

기우만 의병장의 문집인 『송사집』

한편 나주부에서도 기우만의 통문을 받고 양반 유생과 향리들을 중심으로 1896년 3월 14일(음, 2월 1일) 나주향교에서 의병을 결의하였다. 다음날 이들은 사과(司果) 이승수와 유생 나경식의 추천으로 승정원 주서(注書)를 지낸 이학상(李鶴相)을 의병장으로 추대하였다. 이학상은 전직 관료로 동학을 반대하는 입장에 선 인물이었다. 이에 동학 진압에 공을 세워 해주 군수에 임명된 정석진과 담양 군수에 임명된 민종렬이 적극적으로 호응하여 나주의병이 조직되었다.

기우만 의병의 주둔지-광주향교

이들은 거의한 후 통문을 지어 기우만에게 보내 거의의 뜻을 밝혔다. 기우만은 나주의병의 초청에 응하여 200여 명의 의병을 모집하여 나주에 들어왔다. 나주부 관찰사는 도피하였으나 참서관 안종수(安淙洙)는 의병 봉기를 저지하려다 나주의 아전과 군교들에게 피살되었다. 이러한 분위기에 기우만의 나주 입성은 나주의병 에게는 큰 힘이 되기에 충분하였다.

기우만은 총대장에 추대되어 통문을 띄워 광주에 집결할 것을 통고하고 자신도 부대원을 이끌고 광주로 이동하였다. 기우만은 광주향교를 본부로 하는 부대명을 광산회맹소라 하고 의병을 초모하였다. 이로써 기우만은 광주부를, 이학상을 중심한 나주의병은 나주부를 장악하고 기세를 올렸다.

그러나 전주 진위대 중대장 김병욱에 의해 해남 군수 정석진과 담양 군수 민종렬이 체포되었다. 관군의 나주의병에 대한 탄압은 가혹하였다. 정석진은 체포된 현지에서 살해되었으며, 김창균과 그의 아들 김철현, 그리고 영광의 향리 정상섭도 처형되었다. 이러한 소식에 기우만은 선유사(宣諭使) 신기선이 고종의 칙유(勅諭)를 전달하자 5월에 의병을 해산하기에 이르렀다. 선봉장 기삼연은 이에 항거하여 장성으로 돌아가 의병의 재기를 도모하였으나 전주 진위대에 체포되어 뜻을 이루지 못하였다.[25]

6) 북한 지역

단발령 공포 후 북한 지역에서는 함흥, 해주, 의주 등 여러 지방에서 의병이 봉기하였다. 함흥 지역에서는 평강 출신의 최문환(崔文煥)이 1896년 2월 함흥부를 점령하여 참서관 목유신과 주사 피상국, 홍병찬을 처단하고 각지에 다음과 같은 포고문을 발표하였다.

> 나루터의 주민은 사람을 신칙하여 해상을 왕래하는 왜적을 살펴서 접근치 못하게 하며, 만일 상륙하여 횡포하는 자가 있으면 즉각 달려와서 보고할 것이다.[26]

함흥 지역에서의 의병은 특히 일본 상인의 경제적 수탈에 항거하여 일어난 특성을 띤다. 최문환 부대는 민용호의 강릉 의병과 연합작전을 펴 9월에 함흥을 점령하기도 하였다.

해주에서는 포수들이 중심이 되어 의병을 일으켰다. 이들은 동학군에 가담하여 이조현이 이끄는 친위대에 의해 체포, 구금되어 있다가 3월 20일 파옥(破獄)하여 경무관 이경선 등을 처단하고 관찰사 이명선을 감금한 후 의병을 일으켰다. 그러나 친위대의 반격으로 패하여 흩어졌다.

의주에서는 유생 조상학(趙尙學)이 압록강을 넘나들며 의병 활동을 펼쳤다. 문화군에서는 의병들이 군청을 습격하여 군수 홍재준을 구금하고, 장연군에서는 의병 11명이 체포되어 희생당하기도 하였다. 평산의 유생들은 의병 봉기를 계획하다가 유인석이 의병장에 추대되었다는 소식을 접하고 유치경, 유태환, 신학희 등은 제천의병에 참여하였다. 수안의 유생 송상규도 의병을 계획하다가 제천의병에 참여하였다.

이처럼 북한 지역의 의병 항전은 반개화주의적이면서 근왕적인 특성을 갖고 있다. 하지만 남한 지역에 비해 해주의 포수 집단이 의병을 봉기한 것과 함흥부에서 일제 상인의 수탈에 항거하여 의병을 봉기한 면에서 볼 수 있듯이 반침략성이 두드러지게 나타난다.

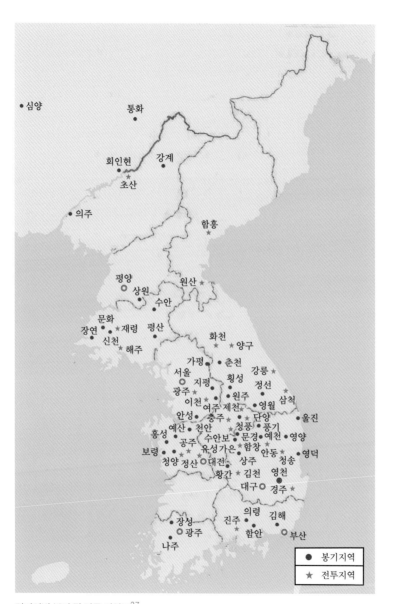

전기의병 봉기 및 전투 지역도[27]

국권 상실의 위기와
중기의병

2장

I. 한일의정서와 을사늑약

한말 전기의병은 1894년 갑오변란과 1895년 명성 황후 시해 사건인 을미사변과 그리고 단발령을 계기로 점점 심화되던 일본의 침탈 야욕에 대해 각성한 유생을 중심으로 일어났다. 전기의병이 진압된 후 한동안 의병운동은 소강상태를 보이다 가 을사늑약을 전후하여 국권 상실의 위기가 눈앞에 다가오면서 다시 일어나게 된 다. 이를 중기의병(中期義兵)이라고 한다.

1904년 2월 개시된 러일전쟁과 그 직후에 체결된 한일의정서, 그리고 1905년 11 월 강제 체결된 을사조약 등 노골화된 일제의 침략에 맞서서 민족의 독립을 지키 고자 의병이 다시 일어섰다.

러일전쟁 개전초기(1904.3) 정주전투를 그린 화보

러일전쟁 당시 일본군의 한인 학살 만행 삽화

1904년 2월 일제는 러일전쟁을 도발하였다. 영국과 미국의 후원 하에 조선에서 러시아를 물리치고자 전쟁을 도발한 것이다. 러일전쟁이 일어나자 조선 정부는 국외 중립을 선언하였다. 그러나 일본은 2월 9일 군대를 서울에 입성시키고 일본에 협력할 것을 강요하였다. 또 중립선언을 무시하고 '공수(攻守)와 조일(助日)'을 앞세운 의정서의 체결을 강요하였다. 2월 23일 대한제국 외무대신 이지용(李址鎔)과 일본공사 하야시 곤스케(林權助) 사이에 한일의정서(韓日議定書)가 체결되었다. 모두 6개조로 된 의정서의 내용은 다음과 같다.[28]

① 대한제국 정부는 일본을 신임하여 '시설 개선'에 관한 충고를 받아들일 것.

② 일본 정부는 대한제국 황실의 안전을 꾀할 것.

③ 일본은 대한제국의 독립과 영토 보전을 보장할 것.

④ 제3국의 침략으로 대한제국에 위험 사태가 발생할 경우 일본은 이에 곧 대처하며, 대한제국 정부는 이와 같은 일본의 행동을 위하여 충분한 편의를 제공하고 일본 정부는 목적을 달성하기 위해 전략상 필요한 지역을 언제나 사용할 수 있도록 할 것.

⑤ 대한제국과 일본은 상호간의 승인을 거치지 않고서는 협정의 취지에 위배되는 협약을 제3국과 맺지 않을 것.

⑥ 조약에서 미비한 사항은 양측 대표가 협의하여 시행할 것.

이 의정서는 러일전쟁을 수행하는 데 있어 조선의 지원을 명문화한 것이었으며, 장기적으로는 일본의 조선에 대한 침략 발판을 마련하기 위한 것이었다.

한일의정서 체결 이후에 일제는 이를 근거로 '대한방침(對韓方針)', '대한시설강령(對韓施設綱領)', '세목(細目)' 등을 강요하여 시행하게 하였다. 대한방침에서는 "한국에 대한 군사상 보호의 실권을 확립하고 경제상으로 이권의 발전을 도모할 것"이라고 하여 조선에 대한 침략 의도를 더욱 노골화하였다.

대한시설강령에서도 '외정(外政)'과 '재정'을 감독하고, 교통과 통신을 장악한다고 하였다. 이에 따라 조선의 토지는 일본군의 군용지로 전락하였다. 3월 말에는 한국의 통신기관도 군용으로 강제 접수되었다. 5월에는 우리나라와 러시아 사이에 맺었던 모든 조약을 폐기시켰고, 경인선과 경의선의 철도 부설과 통신망 가설 등의 이권을 일본이 차지하였다. 6월에는 전 국토의 4분의 1이나 되는 전국의 황무지 개척권을 요구하였다. 조선인은 이러한 황무지 개척권 요구로 인해 러일전쟁 개전 이래 쌓여 있던 반일감정이 폭발하여 보안회(保安會)를 중심으로 반대 집회를 열었다.

항일 의병운동은 1904년 한일의정서 체결 후 다시 시작되었다. 1904년 5월 허위(許蔿) 이름으로 작성된 격문이 13도에 발송되었으며, 김동수(金東壽)의 황성의병소와 홍천의병소의 격문이 발견되었다. 이와 같은 중기의병(中期義兵)은 1905년 9월 러일강화조약(포츠머스 조약)이 조인될 무렵부터 더 구체적으로 그 전개상이 나타난다. 그 가운데 원주에서 원용팔, 단양에서 정운경 등이 일으킨 의병이 주목되는 사례다.

의병운동이 다시 본격적으로 불붙어 격화된 계기는 1905년 11월의 을사늑약이었다. 일본은 을사늑약에 앞서 이미 러일전쟁 중 미국과 태프트 가쓰라 밀약을, 영국과는 제2차 영일동맹을 체결하여 조선의 침략에 대하여 사전에 묵인 받았다. 이어 러일전쟁의 승리로 강화조약을 체결하였는데, 여기에서 일본은 러시아로부터 조선 정부의 동의만 얻으면 조선의 주권을 침해할 수 있다는 보장을 받게 되었다.

이처럼 조선의 국권 탈취를 위해 주변 강대국들과의 사전 정지 작업을 마친 뒤 마침내 1905년 11월 이토 히로부미(伊藤博文)를 특파대사로 파견하고 한일협약안을 정부에 제출하였다. 이들은 궁궐을 포위하고 무력시위를 벌이면서 고종을 위협하며 조약 체결을 강요하였다

을사늑약 풍자화

고종과 내각은 조약 체결을 정식으로 거부하였으나, 이토가 조약 체결에 찬성하는 대신들과 다시 회의를 열고 자필로 약간의 수정을 한 뒤 위협적인 분위기 속에서 승인을 받아냈다. 여기에 서명한 대신은 이완용　박제순　이지용　이근택　권중현 등으로 이들을 을사오적(乙巳五賊)이라고 한다. 그리고 이재극을 통해 황제의 재가를 강요한 다음, 그날로 외무대신 박제순과 일본의 특명전권공사 하야시 곤스케(林權助) 사이에 조약을 조인하게 했다. 이렇게 강제로 늑결(勒結)된 을사조약이 곧 을사늑약(乙巳勒約)이다.

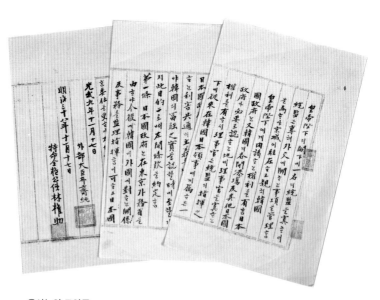

을사늑약 조약문

조약은 모두 5개조로 대한제국의 외교권을 일제가 행사하고, 그 일을 맡아 볼 통감부(統監府)를 서울에 두도록 하는 등의 내용으로 되어 있다. 이 조약으로 조선의 외교권은 일본에 박탈당하여 외국에 있던 조선의 외교기관은 철폐되었고, 동시에 영국 미국 독일 등의 조선주재 공사들은 철수하여 본국으로 돌아갔다.

이듬해 2월에는 서울에 통감부를 설치하고 초대 통감으로 이토 히로부미가 취임하였다. 통감부는 외교뿐만 아니라 내정까지도 직접 우리 정부에 명령하고 집행하게 하는 힘을 가지고 있었다. 이에 유생과 전직 관리들이 극렬한 상소 투쟁을 벌였으나 실효를 거두지 못하였다. 민영환과 조병세, 송병선 등 뜻있는 인사들은 죽음으로써 조선의 주권수호를 호소하였다. 기산도와 이재명 등이 이근택·이완용 등을 암살하려는 의열투쟁(義烈鬪爭)도 일어났다. 을사조약이 늑결되자 의병은 전국적으로 확대되었다. 이 시기 일어난 대표적인 의진(義陣)으로 홍주의병·산남의진·태인의병 등이 있다.

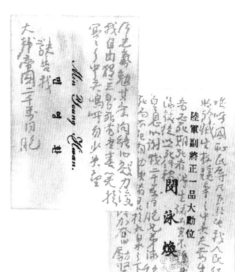

민영환과 유서

순국지사 송병선

이재명 의사

기산도 의사 추모비

2. 지역별 의병운동의 전개

1) 강원 지역

일본은 1905년 5월 러시아 발틱 함대와의 쓰시마 해전에서 승리한 뒤 조선에 대한 침략을 가속화했다. 원용팔(元容八, 1862~1907)은 일본의 정치 군사적 침략이 가시화되는 상황에서 1905년 8월 강원도 원주에서 의병을 일으켰다. 원용팔은 성재(省齋) 유중교(柳重教)의 문하에서 수학한 학자로 전기의병기에는 여주 일대에서 활동하던 심상희 의진(義陣)에 참가한 뒤 제천의병의 중군장을 지냈다.

원용팔은 원주의 금마둔에 있던 박수창(朴守昌)을 찾아가 함께 의병을 일으킬 것을 요청하였고, 이에 박수창은 군자금과 화포 등의 군수품을 지원하기로 하였다. 이들은 소를 잡아 하늘에 제사를 지내고 의병 봉기를 결의하였다. 원용팔은 8월 16일 원주 풍정에 가서 종제인 원용수와 채순묵, 김낙중 등 동지를 규합하였다. 이때 박수창은 명포수인 최병덕과 정재식 등을 보내 의진에 합류하도록 하였다. 원용팔은 이들을 좌, 우 총독장으로 임명하였다.

원용팔은 의병을 봉기한 후 일제의 침략을 성토하는 격문과 성명서를 발표하였다. 서구 열강의 공사관과 청국 공사관에는 지원을 요청하는 서한을 보냈으며, 한국 침략의 죄상을 성토하는 격문을 별도로 일본공사관에도 보냈다. 그는 「격고문(檄告文)」을 널리 배포하여 일제 침략을 격렬하게 성토하였다.

원용팔 의병장 간찰 1905년 9월 강원도 원주에서 의병을 일으킨 원용팔이 전남 장성의 기우만에게 함께 의병을 일으킬 것을 요청한 편지.

원용팔 의병장의 『을사의병사』
원용팔 의병장의 의병활동에 관한 기록과 포고문·상소문·편지·제문 등을 모은 책.

원용팔은 이 격문에서 일제의 황무지개척권 요구와 일진회의 매국행위를 폭로하였다. 또 일제가 고문정치(顧問政治)를 자행하면서 매국적인 관리들을 포섭하고 내정을 침탈하는 양상을 격렬하게 성토하였다. 이어서 '제왕성현(帝王聖賢)'의 한국이 '소일본'으로 전락하는 절대 절명의 위기상황에서 항일의병을 일으켜 왜적을 주살할 것을 호소하였다.

원주에서 거의한 원용팔은 곧바로 강원도, 충청도 각지에서 전력 확충에 들어갔다. 영월군 주천에서 포군(砲軍) 수십 명을 모은 다음 다시 단양으로 행군하였다. 단양에서는 정운경, 이구영, 장익환, 이규현, 지원영 등 전기의병 때의 동지나 지역 유지들의 협조를 받을 수 있었다. 단양은 일찍부터 향약(鄕約) 조직을 통해 포군을 두어 도적을 막고 있었기 때문에 이들 포군 세력을 의병으로 흡수하여 전력을 보강할 수 있었다.

원주의병은 8월 26일에는 장졸 및 포군 30여 명과 종사 수십 명을 거느리고 영춘군으로 들어갔다. 이곳에서 다시 외촌(外村)의 포군 10여 명을 모집한 뒤 이청(吏廳)에서 하룻밤 묵었다. 의진의 규모가 수백 명에 이르게 되었다. 원주의병은 이처럼 원주 제천 영춘 등지의 유생들로 전기의병에서 활동한 여러 인물들이 확인된다. 전군장 이정의, 소모장 남필원, 참모종사 엄성하, 서기 장지환 등은 1896년 제천의병에서 활동한 인사들이었다. 일부 군인과 서리 출신들도 기용되었으며, 군량과 무기 등의 군수품을 지원한 인사들도 있었다.

원주의병은 영춘에서 전열을 가다듬은 뒤 영월로 이동하였다. 영월에서는 보덕사의 승려 김상의를 승장으로 임명하는 한편, 엄성하를 수성장, 김내현을 소모장, 박제방 이긍하 정이항을 참모로 선임하여 지역 방어체제를 갖추었다. 그리고 마차(磨差, 현 영월군 북면)로 다시 행군하였는데, 이곳에서도 윤덕배와 김경로를 파수장, 김영두와 양한용을 교련장으로 삼았다. 이들 가운데 마차에서 선임된 윤덕배와 양한용은 군인 출신으로 1907년 군대의 강제해산 이전에 의병에 가담하여 군사 교련의 책무를 맡았다. 의병진은 다시 정선으로 진출하여 이곳에서도 지역방어 체제를 갖추었다. 이 시기 원주의병은 지방관들을 크게 위협하였다.

원주의병의 중군 김낙중은 이 무렵 일진회 첩자 고영달과 일본인 체신부를 처단하였다. 또한 원용팔은 비밀리에 원주로 들어가 진위대 군인들과 연합전선을 구축하기로 약속한 뒤 돌아왔다. 이어 평창군 봉평으로 이동하여 많은 동지들을 규합하면서 의진을 강화하였다.

원주의병은 이처럼 원주에서 재기한 뒤 단양·영월·정선·홍천 등지에서 많은 인사들을 영입하면서 전력을 확충하는 한편, 각지로 항일의병의 기세를 확산시켜 갔다. 원용팔이 이끄는 의병은 보강된 전력을 극대화하기 위해 군사훈련을 강화하고 실전에 적응할 수 있도록 전열을 가다듬기 위한 기간이 필요하였다.

그러나 이러한 정보가 누설됨으로써, 정부에서는 원주 진위대로 하여금 원용팔 의병을 해산하도록 조처하였다. 이에 원주 진위대장 김구현(金龜鉉)은 일진회원들을 동원하여 의병진 와해 공작을 벌이게 되었다. 이로 말미암아 많은 이탈자가 발생하여 의병의 규모는 300여 명으로 줄어들었다.[29] 원용팔 의병은 일진회원들의 농간으로 원주 진위대와 연합하기 위해 1905년 9월 원주 활곡으로 갔다가 진위대의 공격으로 원용팔이 체포되면서, 의병도 해산되고 말았다. 원용팔은 서울로 압송되어 경성감옥에 투옥되어 옥고를 겪다가 1906년 3월 옥중에서 순국하였다.

2) 충청 지역

(1) 단양의병

1905년 8월 충북 단양 지방에서 정운경(鄭雲慶, 1861~1939)이 의병을 일으켰다. 정운경은 송강 정철(鄭澈)의 후예로 충청북도 제천 출신이다. 정운경은 을미사변에 항거하여 1896년 제천의병의 중군장에 임명되어 충주성을 점령하고, 청풍 평창 등지에서 전공을 세웠던 의병장 출신이다. 그는 1905년 을사조약의 무효를 부르짖으며 거의한 원용팔이 9월에 체포되어 의진이 해산되었다는 소식을 접하자 단양의 장림에서 이규석 김홍경 강수명 지원영 김지현 정해훈 등과 의병을 일으켰다. 이들은 10월 6일 단양읍으로 들어가 순교(巡校)와 서기 등을 포박하여 장림으로 데리고 와 각 면의 포수들을 규합하도록 지시하고 의병을 모았다.

의거의 깃발을 올리니 며칠 만에 단양 제천 영춘 청풍의 4군 일대에서 3,4백 명의 의병이 모여들었다. 정운경은 10월 11일 단양읍으로 나가 이강년에게도 연락을 취해 의병에 참여할 것을 요청하였다. 의진(義陣)의 부서를 정하고 인근 각지의 지사들과 연락을 취하며 대일 전투를 준비하였다.

정운경의 문집 『송운집』

그러나 전투태세가 정비되기도 전인 10월 13일 원주 진위대의 공격을 받고 정운경은 영춘에서, 박정수(朴貞洙)는 청풍에서 각각 체포되었고, 의진은 와해되고 말았다. 정운경은 체포되어 군부로 압송되어 엄중한 심문을 받다가 1905년 11월 평리원의 재판을 거쳐 유배 10년형에 처해져 1906년 11월 황주 철도(鐵島)로 유배되었다. 1907년 12월 고종의 특사로 풀려났다.

한편 유학자 박세화(朴世和, 1834~1910)는 문인인 윤응선과 함께 을사늑약에 항거하여 제천의 남현에서 의병을 일으켰다가 청풍에서 체포되었다. 박세화는 1910년 경술국치를 당하자 "이제 나라가 망하게 되어 도(道)와 화(華)가 모두 망하게 될 터이니 장차 어찌 할 것인가"라며 식음을 전폐한 지 23일 만에 순국하였다.

(2) 홍주의병

전기의병기에 홍주의병을 주도하였던 안병찬, 채광묵, 박창로, 이세영 등은 을사조약의 늑결 소식을 듣고 의병투쟁을 통한 국권회복운동을 전개할 것을 다짐하였다. 안병찬은 "왜놈들에게 대권이 옮겨져 있으니 비록 천장의 상소와 백장의 공문서를 올린들 무슨 유익한 일이 있겠는가. 한갓 소용없는 빈말만 할진대 차라리 군사를 일으켜 왜놈 하나라도 죽이고 죽는 것만 못하다"는 심경을 토하고 1906년 초부터 의병 봉기를 추진하였다. 그는 동지들과 함께 의병을 초모(招募)하

안병찬 의병장

는 동시에 정산에 거주하고 있는 전 참판 민종식을 찾아가 총수의 책임을 맡아줄
것을 청하였다.

민종식[30]은 3월 15일(음력, 2월 21일) 이들의 권유를 받아들여 의병장에 올랐으
며 박토 10여 두락을 팔아 5만 냥을 군자금으로 내놓았다. 민종식은 대장에 추대
되어 의진의 근거지를 정산의 천장리로 삼고 격문과 각국의 공사에게 보내는 청원
문을 작성하여 발송하였다. 이어서 의진을 편성하고 광시장터(지금의 예산군 광시면)로
진군하였고, 하늘에 제사를 올리고 의진을 정비하였다. 이튿날 홍주로 향하여 홍
주의 동문 밖 하고개에 진을 쳤다. 그러나 관군의 반격으로 홍주성 진입에 실패하
였다.

다음날 의진은 광시장터에 다시 집결하여 군제를 바로잡고 병사들을 훈련시켜
공주를 공격하기로 하였다. 의병진은 화성의 합천(지금의 청양군 화성면 합천)에 진을
쳤다. 이 소식을 듣고 공주에서 일본헌병대가
급파되어 홍주군 관군과 함께 의병대를 탐문
하고 밤 10시경 합천 인근에 잠복하였다. 다
음날인 3월 17일(음력, 2월 23일) 오전 5시 의
진은 이들의 공격을 받아 안병찬과 박창로를
비롯한 주요 인사들이 체포되어 의진은 해산
되고 말았다.

홍주의병장 민종식

의병장 민종식은 합천전투에서 탈출하여
전주에 거주하는 친척 민진석(閔晋錫) 집에서
은신하던 중 이용규[31] 등과 재기를 협의하였

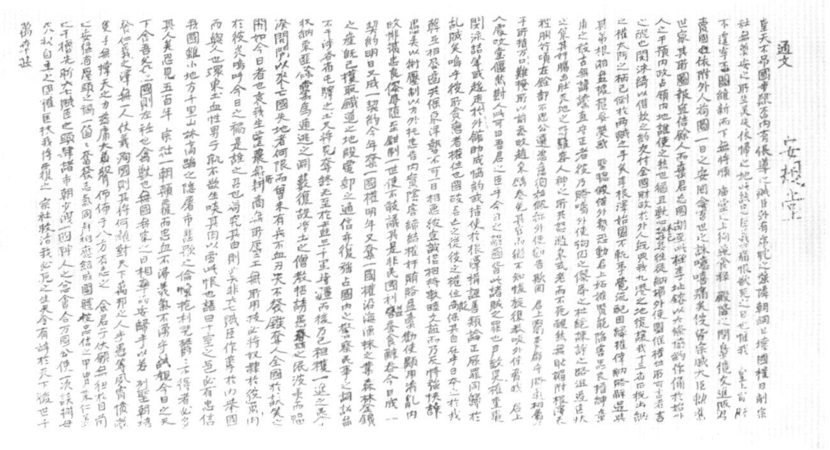

홍주의병 통문(안선영 소장)

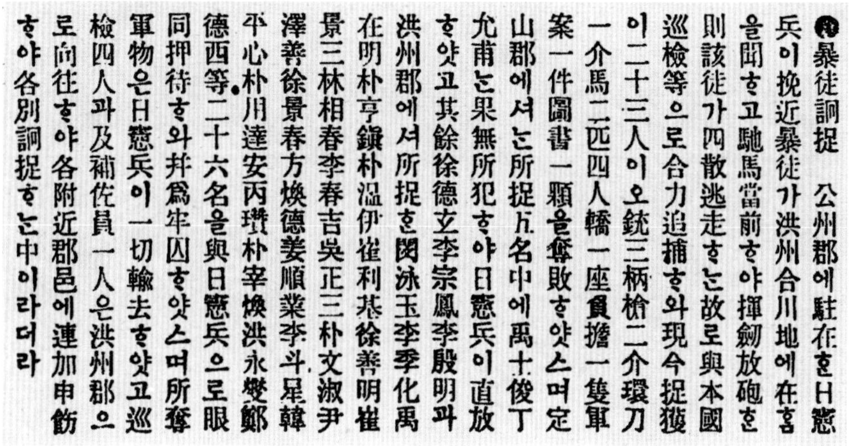

◉暴徒詗捉 公州郡에駐在ᄒᆞᆫ日憲兵이挽近暴徒가洪州合川地에在ᄒᆞᆷ을聞ᄒᆞ고馳馬當前ᄒᆞ야揮劒放砲ᄒᆞᆫ則該徒가四散逃走ᄒᆞᄂᆞᆫ故로與本國巡檢等으로合力追捕ᄒᆞ와現今捉獲이二十三人이오銃三柄槍二介環刀一介馬二匹四人轎一座負擔一隻軍案一件圖書一顆을奪取ᄒᆞ얏스며定山郡에서ᄂᆞᆫ所捉五名中에禹士俊丁允甫ᄂᆞᆫ果無所犯ᄒᆞ야日憲兵이直放ᄒᆞ얏고其餘徐德立李宗鳳李殷明과洪州郡에서所捉ᄒᆞᆫ閔泳玉李季化禹在明朴亨鎭朴溫伊崔利恭徐善明崔景三林相春李春吉吳正三朴文淑尹澤善徐景春方煥德姜順業李斗星韓平心朴用達安丙瓚朴宰煥洪永燮鄭德西等二十六名을與日憲兵으로眼同押待ᄒᆞ와幷爲牢囚ᄒᆞ얏스며所奪軍物은日憲兵이一切輸去ᄒᆞ얏고巡檢四人과及補佐員一人은洪州郡으로向往ᄒᆞ야各附近郡邑에連加申飭ᄒᆞ야各別詗捉ᄒᆞᄂᆞᆫ中이라더라

합천 전투 관련 기사(『황성신문』, 1906. 3. 22)

합천 전경

다. 곧이어 이용규가 모집한 의병을 중심으로 의병을 재기하였다. 이용규는 전주, 진안, 용담, 장수, 무주 등지를 돌아다니며 의병을 모집하였다. 그는 여산에서 의진을 결성하고 부여의 지치로 와서 민종식을 대장에 재추대했다.

민종식은 선봉장에 박영두, 중군장에 정재호, 후군장에 정해두를 임명하였다. 이들은 홍산 관아를 점령한 뒤 서천으로 행군하였다. 이튿날 비를 무릅쓰고 문장동을 거쳐서 5월 13일(음력, 4월 20일) 서천읍에 도착하여 남포에서 대대적인 전투를 벌였다. 남포의 관군은 공주부의 관군과 합세하여 요새인 남포성에 의지하여 반격하였다.

조양문 방향으로 바라 본 홍주성 동쪽 성곽

5일간의 전투 끝에 의병부대는 남포성 함락에 성공하여 남포군수를 감금시키고 병사 31명을 의병진에 귀순시켰다. 유준근을 비롯한 유회군 33명도 영입하였다. 의병대는 결성으로 진군하여 하루를 지내고 5월 19일(음력, 4월 26일) 홍주로 들어가 5월 20일 아침에 홍주성을 점령하였다. 의병진에서는 진용을 재정비하고 소를 잡아 천제를 지냈다. 민종식은 인근의 각 군수에게 훈령을 내려 양식과 군기의 징발과 징병의 일을 지시하였다.

5월 20일 공주의 고문부 경찰과 수원의 헌병부대가 홍주성을 공격하였으나 의병은 굳건한 성벽을 이용하여 이들의 총격에 잘 대응하였다. 5월 21일에도 역시 일본 경찰대에서 경부와 보좌원, 그리고 순검 13명이 성을 향해 총을 쏘며 공격했지만 의병 측에서는 대포를 쏘아 이들을 물리쳤다.

몇 차례의 일본 경찰과 헌병대의 공격에도 전세가 의병 측에 유리하게 전개되자 통감 이토 히로부미는 주차군 사령관에게 군대 파견을 명령하였다. 사령관 하세가와 요시미치(長谷川好道)는 5월 27일 대대장의 인솔 아래 보병 2개 중대를 홍주에 파견하고 경찰과 헌병, 진위대도 협조하도록 훈령하였다. 이에 보병 제60연대의 대대장 다나카(田中) 소좌 지휘 하에 보병 2개 중대(약 400명)와 기병 반개소대 그리고 전주수비대 1개 소대가 합세하여 30일 홍주성을 포위하기에 이르렀다.

일본군은 다나카 소좌의 지시에 따라 30일 밤 11시에 동문 밖 숲속에 잠복한 뒤, 31일 새벽 3시경에 기마병 폭발반을 동원하여 동문을 폭파시켰다. 이를 신호로 일본 보병과 헌병대, 경찰대가 기관포를 쏘며 성 안으로 진입하였다. 또한 2중대 1소대와 4중대 1소대는 각각 갈매지 남쪽 고지와 교동 서쪽 장애물 도로 입구에서 잠복하여 의병부대의 퇴로를 차단하였다. 의병 측에서는 성루에서 대포를 쏘며 대항

조양문의 옛 모습

홍주성 조양문(현재)

했지만, 북문도 폭파되어 일본군이 밀려들었다. 의병은 치열한 시가전을 감행하면서 방어했지만, 결국 일본군의 화력에 밀려 수백 명의 사상자를 냈다.

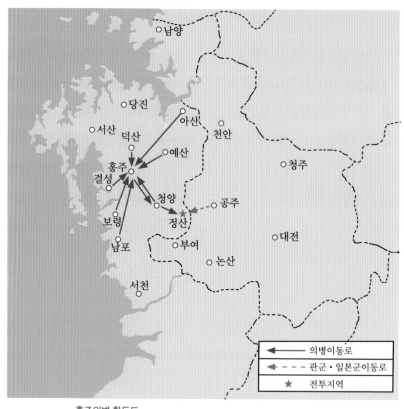

홍주의병 활동도

홍주의사총

체포된 이들 중에 유병장(儒兵將) 유준근을 비롯하여 소모장 최상집, 좌익장 이상구, 참모 안항식, 돌격장 남규진, 참모 신보균과 이식, 서기 문석환, 그리고 우익장 신현두 등 9명(홍주 9의사)은 8월 6일(음력, 6월 17일) 일본의 쓰시마로 유배되어 이즈하라(嚴原)에서 감금생활을 하였다.

홍주 9의사가 구금되었던 대마도 위수형무소 터

한편 홍주성전투에서 패한 민종식을 비롯한 지휘부는 성을 빠져나왔다. 이용규는 그해 7월에 청양의 추티에서 의병을 재집결시켜, 부여와 노성 지역을 행군하여 연산의 부흥리에서 일본군과 교전하였다. 이때 조병두는 중상을 입고 체포되어 대전역에서 사망하고 말았으며, 채경도와 오상준 등은 공주부에 갇혔다. 이용규는 그해 10월경에 예산 현곡(지금의 대술면 상항리)에 있는 이남규의 집으로 가서 민종식 등을 만나 재기를 추진하였다.

의병 재기를 추진했던 수당 이남규 고택(예산군 대술)

이들은 11월 20일 예산을 공격하여 활동의 근거지로 삼기로 결정하고 민종식을 다시 대장에 추대하기로 뜻을 모았다. 그러나 일진회원의 밀고로 11월 17일 새벽에 일본 헌병 10여 명과 지방병 40여 명, 그리고 일진회원 수십 명의 포위 습격을 당하여 곽한일, 박윤식, 이석락 등이 체포되었다. 이남규, 이충구 부자도 함께 체포되어 온갖 악형을 당하였다. 이때 체포된 곽한일을 비롯하여 박윤식, 김덕진. 정재호, 황영수, 박두표 등은 종신 유배형을 받고 신안군의 지도로 유배를 갔으며, 홍순대와 김재신은 옥구의 고군도로 유배갔다. 한편 안병찬과 박창로 등 수십 명은 공주 감옥에 감금되었다.

민종식 의병장 유허비(청양군 정산)

민종식은 미리 신창군 남상면의 성우영 집으로 대피하였다가 다시 공주 탑곡리 쪽으로 피신하였다. 일본 경찰대는 신창에서 김덕진과 신창규를 체포하여 고문 끝에 민종식의 은신처를 파악했고, 결국 민종식은 11월 20일 체포되어 공주부에 잡혀 갔다. 그는 서울로 압송되어 1907년 7월 3일 교수형을 선고 받았으나 다음날 내 각회의에서 종신 유배형에 처해져 진도에 종신 유배되었다. 또한 일본군은 1907년 9월에는 이남규를 체포해 가던 중 귀순을 거부한다고 온양의 평촌 냇가에서 학살하였다.[32]

수당 이남규

수당 이남규 조난 추모비(아산 평촌)

(3) 황간의병

전기의병에서 진주의병을 이끌었던 노응규가 1907년 1월초 충청북도 황간에서 의병을 다시 일으켰다. 노응규는 진주의병이 와해된 이후 부친과 형을 잃고 가산까지 몰수당하는 참변을 당하였다. 호남 지방으로 피신하여 숨어지내던 그는 서울로 올라가 학부대신 신기선의 도움으로 「지부자현소(持斧自見疏)」를 올리고 사면을 받아냈다. 이후 1902년 규장각 주사에 임명되었고, 이어서 중추원의관 등의 관직을 지냈다.

그는 을사늑약의 소식을 접하자 관직을 버리고 광주로 내려가 의병 재기를 계획하여 1906년 6월 최익현의 태인의병에 합류하였으나 의진이 해산되자 황간에서 서은구, 엄해윤, 노승룡 등과 의병을 일으켰다. 노응규의 황간의병은 영동, 청산, 옥천 등지에서 일제 시설물과 철도를 주로 공격하였으며, 일본군과도 교전을 벌여 척후병을 패퇴시켰다.

그러나 충북경무서 황간분파소 소속의 순검들에 의해 1907년 1월 노응규를 비롯한 지휘부가 체포되자 의진은 해산되고 말았다. 노응규는 서울로 압송되어 경무청 감옥에 투옥되었다. 그는 기개를 굽히지 않고 급식을 거부하다가 그해 2월 옥중에서 순국하였다. 서은구와 엄해윤, 노공일은 7년 유형을 선고받고 고초를 겪었다.[33]

노응규 옥중 순국 통지서

(4) 당진의병

충남 당진 지역의 인사들 역시 을사조약의 늑결에 항거하여 의병을 일으켰다. 이 시기 대표적인 당진 의병장으로 최구현(崔九鉉, 1866~1906, 호: 楡谷)이 있다. 그는 면천의 매염리 출신으로 정유재란 중인 1597년 영천전투에서 장렬하게 전사한 충신공 최준립의 12대 후손이다. 그는 고종 24년(1887) 12월에 무과에 급제하고 1888년 훈련원봉사로 벼슬길에 올라 군부에서 근무하였다. 1904년 일본에 의해 한일의정서가 체결되는 것을 보고 국정을 탄식하며 군부참서관 직을 사직하고 낙향하였다.

1905년 11월 을사조약이 늑결되자 1906년 5월 기지시(機池市)에 '병오창의도소(丙午倡義都所)'를 설치하고 의병을 일으켰다. 면천과 당진, 고덕, 천의, 여미 등지에서 격문을 발표하고 370여 명의 의병을 모집하였다. '창의영도장'에 추대된 그는 의병을 지휘하여 5월 10일(음력, 4월 17일) 초저녁에 면천성을 공격하였다. 의병들은 다음날 새벽까지 일본 경찰대와 치열한 공방전을 치렀으나 신식 무기로 무장한 경찰대를 이길 수 없었다.

최구현은 죽음을 각오한 의병 36명을 인솔하고 5월 16일 당진의 소난지도(小蘭芝島)로 들어갔다. 소난지도에는 화성창의장 홍원식 부대가 주둔해 있었다.[34] 이어서 5월 27일에 서산 의병 참모 김태순 등 28명이, 6월 7일에는 홍주성에서 패한 홍주 의병 차상길 등 15명이 소난지도에 합세하였다.

이들 소난지도에 주둔하던 의병들은 1906년 6월 18일 면천군에 돌입하여 군수 이교영을 포박하고, 관청의 하급 관리들을 난타하였다. 그리고 결전 350냥과 양총 5정, 탄환 85발, 환도 2정을 탈취하였다. 소난지도 의병대는 그 해 8월 중순에도 다시 면천군을 습격하였다. 군수가 지방에 출타 중이었는데 총 6정과 실탄 30여 발을 확보하였다. 그러나 8월 24일 일본 경찰대가 소난지도를 기습 공격했고, 최구현 의병장은 체포되었다. 면천감옥에서 심한 고문을 받은 그는 옥고의 후유증으로 그 해 12월 23일(음력) 사망하고 말았다.[35]

최구현 의병장

최구현의 무과급제 교지

3) 영남 지역

(1) 산남의진

산남의진(山南義陣)은 을사늑약에 항거하여 경북 영천, 영덕, 청송, 포항 등 경북 남동부 지역에서 활동한 영남 지역 대표적인 의진이다. 산남의진은 중추원 의관으로 고종을 보필하던 정환직[36]의 지시에 따라 그의 아들인 정용기(鄭鏞基, 1862~1907)가 이한구, 정순기 등과 함께 의병을 일으켰다. 정환직은 고종으로부터 밀명을 받고 의병 봉기에 착수한 것으로 알려진다.

정용기는 통문과 격문을 돌려 의병을 모집하였다. 통문에는 일제의 침략으로 5백년 '문명국'이 없어지고 2천만 '생령'이 없어질 위기에 닥쳤다면서 '국세를 만회'하고 백성을 구하고자 의병을 일으켰음을 밝혔다. 1906년 3월 의진을 편성하고 정용기가 의병장에 추대되었다.

의진의 규모는 많을 때는 1천여 명에 달했다. 결성 직후 신돌석 의병의 패전 소식을 듣고 이를 구원하기 위하여 청하읍으로 행군하였다. 그러나 의병장 정용기가 4월 28일 경주에서 경주 진위대장 참령 신석호의 간계에 속아 체포되어 대구 경무청으로 압송되었다.

산남의진은 중군장 이한구 체제로 항일전을 펼쳤다. 6월 1일에는 영덕의 강구항을 공격하여 일본인 어부를 처단하였다. 정환직은 1906년 9월 아들 정용기를 석방시키고 의병에 참여하였다. 그는 영천으로 내려가 정용기와 이한구, 정순기 등을 만나 이듬해 5월까지 의병을 조직하고, 강릉으로 북상하여 서울로 입성할 것을 지시하였다. 정용기는 의병에 다시 참여한 뒤 후 고종에게 창의의 정당성을 밝히는

산남의진 거사 유래비

산남의진 기념비

상소를 올리고 격문을 발표하여 의병 참여와 지원을 호소하였다. 그러나 본격적인 활동은 후기 의병기인 1907년 9월 이후부터 시작되었다.

후기 의병기에 산남의진은 포항을 점령하고 영천으로 들어가 일본 상인 야마우치(山內銀三郎)를 사살하였다. 이어서 정환직의 지시에 의해 의병을 모집하면서 군복을 준비하는 등 북상을 준비하였다. 정용기는 1907년 10월 6일(음, 8월 29일) 북상을 위하여 의진 100여 명을 이끌고 경주 매현리(현, 포항시 죽장면)에 유진하였다가 새벽 4시경 입암에 일본군이 유숙할 것을 예측하고 의병대를 매복시켰다. 그런데 매복해 있던 이세기 부대가 성급하게 공격했다가 일본군 영천 수비대의 역습을 받았다. 이 입암전투에서 대장 정용기와 중군장 이한구, 참모장 손영각, 좌영장 권규섭 등 수십 명이 전사하였다.

정환직은 아들의 뒤를 이어 의병장에 올라 의진을 다시 일으켰다. 정환직은 영일의 북동대산(北東大山)으로 의진의 근거지를 옮긴 뒤 새로이 의진을 편성하였다. 이후 청송의 보현산 일대와 영일의 동대산 일대를 근거지로 삼아 항일투쟁을 펼쳐 많은 전과를 수립하였다. 그러나 무기와 탄약의 결핍으로 전력이 약화되어 갔다. 정환직은 북상을 위하여 의진을 해산하고 휘하 의병들에게 개별적으로 관동에 집결하라고 지시하였다. 그는 북상을 하던 도중 청하의 각전에서 잠시 병을 치료하던 중이던 1908년 1월 14일(음, 12월 11일) 일본군 수비대에 체포되고 말았다. 결국 그는 영천의 남교에서 총살되어 순국하였다. 정환직 순국 후에도 산남의진은 최세윤 의병장 체제에서 항일투쟁을 계속하였다.[37]

정환직·정용기 부자 의병장 추모 사당

산남의진은 경북 남동부 지역을 중심으로 대일항전을 전개하였다. 처음에는 유생 중심이라는 한계를 보여주기도 하였으나, 차츰 무장투쟁 세력으로 전환하여 일제 군경에 큰 손실을 주는 등 투쟁성을 유감없이 보여주었다. 또한 의진이 해체된 뒤에도 생존 의병들은 1910년대 국내 비밀결사운동에 참여하였다. 김성극, 이규환, 홍구섭, 남정철 등은 만주로 망명하여 무장투쟁을 전개하였다.

의병장 정용기 등이 전사한 입암 전경

(2) 영릉의병

영릉의병은 신돌석[38]이 1906년 4월 6일 (음, 3월 13일) 영덕에서 일으킨 의진을 말한다. 신돌석은 영해 출신으로 1896년에도 김하락 의진의 영덕전투에 참여한 것으로 알려진다. 신돌석은 고향인 영해의 복평(현, 영덕군 축산면 부곡리)에서 의병을 일으키고 의진의 이름을 '영릉진'이라 하고 스스로 의병장이 되었다. 그는 휘하에 중군장, 선봉장, 좌익장, 우익장, 포대장, 소모장, 참모장 등의 편제를 두었다. 박수찬을 비롯하여 이창영, 한영육, 이하현, 신태종, 백남수, 김치헌 등이 중요 직책을 맡아 활동한 것으로 알려진다.

신돌석은 의병을 일으킨 직후 자금을 모으는데 힘썼다. 그 결과 1906년 4월부터 5월초에 걸쳐 1,656냥을 확보할 수 있었다. 영릉 의병은 4월 30일 영양읍 관아를 공격하여 무기를 확보하기도 하였다. 1906년 5월 14일자 『황성신문』에 따르면 총22정과 다수의 탄환, 그리고 화승총 35정과 화약 등을 확보하였다.[39]

『황성신문』 1906년 5월 14일자 영양군 습격 기사 영릉의병은 울진에 거주하는 일본인을 주요 공격 대상으로 삼았다. 울진은 일제가 어업 침략의 교두보로 삼고 있던 곳으로. 이미 1890년대 후반부터 일본인 어부와 수산업자들이 잠수기 어선을 동원하여 해산물을 쓸어갔다. 한인 어부들은 이와 같은 일제의 어업 침탈에 분개하고 있었다. 신돌석 의병은 여러 차례 울진 지역으로 들어가 일본인 가옥을 파괴하고 일본인을 처단하는 등 일제의 어업 침탈세력을 응징하였다.

1906년 5월 8일 울진에 도착한 영릉의병은 일본인을 사살하고 그들이 살던 가옥을 파괴하였고, 그해 6월 상순에는 울진 관아를 재차 공격하였다. 1906년 6월 하순에는 영해읍을 공격하여 점령하고 영해군수의 죄상을 성토하였다. 7월에는 영덕으로 들어가 관아를 공격하여 군수를 체포, 단죄하고 건물을 파괴하였으며 무기와 군수물자를 확보하였다. 1907년 1월에는 울진에 다시 들어가 군수 윤우영을 포박하고 우편취급소를 습격하여 우편물을 압수하여 태워버렸다. 1907년 9월

신돌석 의병장

에는 강원도 삼척군 원덕면 장호동에서 전복잡이를 하던 일본인을 사살하고 노획품을 확보하기도 하였다.

이처럼 거듭된 의병의 공격에 마침내 일본군 수비대는 영릉의병에 대한 탄압작전을 벌였다. 일월산을 중심으로 활동하던 영릉 의병은 일본군 제14연대 제1대대장 아카시의 지휘 아래 집중적인 공격을 받았다. 영릉의병은 태백산맥의 오지로 부대를 옮기면서 투쟁을 계속하였지만 1908년 하반기 이후 일본군의 공격이 강화되면서 의진의 활동이 위축되기 시작하였다. 의진의 규모와 범위도 축소되었다.

더욱이 일본군의 '귀순법'이 발표됨에 따라 귀순하는 의병이 생겨났다. 신돌석 의병장의 활동도 위축되었으며, 그에 따라 만주 지역으로 이동하는 계획을 수립하였다. 그는 1908년 12월 12일 이동을 위한 자금을 확보하기 위하여 고향으로 내려 갔다가 김상렬 형제에 의해 타살되고 말았다. 그 결과 영릉의병의 만주 이동 계획은 좌절되고 말았다.

신돌석 의병장 복원 생가(영덕군 축산)

4) 호남 지역

을사늑결 이후 1907년 군대해산 이전까지 호남 지역에서 일어난 대표적인 의진으로는 최익현의 태인의병, 양회일의 쌍산의병, 고광순의 창평의병, 백낙구의 광양의병, 양한규의 남원의병, 이규홍의 익산의병 등이 있다.

(1) 태인의병

임병찬 등 태인과 정읍 일대의 유생들은 충청도 정산에 거주하던 최익현을 맹주로 초빙하여 1906년 6월 4일(음, 윤 4월 13일) 태인에서 의병을 일으켰다. 최익현은 무성서원에서 강회를 마친 뒤 눈물을 흘리면서 의병 참여를 호소하였다. 이에 즉석에서 80여 명이 의병 대열에 합류하였으며 인근의 유생들이 의병에 자원하였다. 최익현은 격문을 지어 널리 배포하였다. 그는 격문에서 역당과 왜적을 죽여 위험한 국세(國勢)를 건지자고 호소하였다.

태인의병 지휘부는 정읍과 순창 일대를 돌면서 의병을 모집하였다. 고용진 양윤숙 채영찬 김송현 등은 각각 수십 명의 포수를 데리고 합류하였다. 그 결과 봉기한 지 1주일 만에 포수 2,3백 명을 포함하여 9백여 명의 의병이 집결하였다.

의병장 최익현(崔益鉉, 1833-1906) 밑에는 임병찬(林炳瓚, 1851-1916)을 위시하여 김기술, 유종규, 김재구, 정시해, 최제학 등이 있어 우익장, 선봉장, 후군장, 소모장, 좌우종사, 화포장, 수포장 그리고 서기 등을 맡았다. 이들은 군수품과 무기 확보를 위하여 각 군을 돌면서 총기와 화약, 군자금 등을 징발하였다.[40]

무성서원 의병봉기도

태인의 무성서원

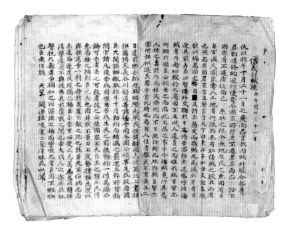

최익현의 창의토적소

태인의병은 기병한 다음 날 정읍에 들어가 내장사에서 유숙했으며, 순창에 들어가 구암사에서 유숙했다. 곡성에서는 격문을 지어 각 지역에 전했고, 10일에 순창으로 돌아와 주둔하였다. 태인의병의 봉기 소식에 정부와 일제는 진위대를 파견하여 이를 진압하고자 하였다. 11일 새벽에는 광주관찰사 이도재가 의병의 해산을 요구하는 고종의 해산 칙유를 전달하였다. 최익현은 이에 다음과 같이 회답하였다.

내가 상소를 올려 거의(擧義)의 연유를 아뢰었는데, 소가 만일 상께 도달하면 반드시 비답을 내리실 것이다. 비답을 받들어 진퇴할 뿐이요 지방관이 지휘할 바가 아니다.

그날 정오쯤에 일본군이 동북쪽으로부터 공격하여 온다는 소식을 듣고 임병찬에게 기병(奇兵) 2개 부대로 맞서 싸우게 하였으나 그들은 왜병이 아니라 진위대(鎮衛隊) 병력이었다. 전주관찰사 한진창과 순창 군수 이건용이 군사를 거느리고 와서 의병을 공격한 것이었다. 최익현은 다음과 같이 말하며 임병찬을 불러 싸우지 말도록 하였다.

이들이 왜병이라면 마땅히 결판을 내야 하나, 이들이 진위대군이면 우리가 우리를 서로 공격하는 것이니 어찌 차마 그럴 수가 있겠느냐?

이어서 관군에 글을 보내어 다음과 같은 말을 전했다.

> 너희들이 왜군이라면 당연히 즉시 사전(死戰)을 하여야 할 것이나 싸우지 않는 것은 동포끼리 서로 죽이는 것을 나는 차마 할 수 없어서이니 즉시 물러가라.

그러나 전주 진위대에서 포를 쏘아 탄환이 비 오듯 하자 의병은 흩어졌으며, 정시해가 총탄에 맞아 절명하였다. 최익현은 의병의 해산을 지시하였다. 진위대는 최익현을 포함한 13명을 체포하여 서울로 압송하였다. 당시 최익현을 끝까지 사수한 제자들을 '12의사'라고 하는데, 임병찬을 비롯하여 고석진, 김기술, 최제학, 문달환, 임현주, 양재해, 조우식, 조영선, 나기덕, 이용길, 유해용 등이 그들이다.

최익현과 체포된 이들은 서울로 압송되어 6월 18일(음, 윤4월 27일) 일본군 헌병사령부에 구금되었다. 이들은 정부 관료와의 연루설 및 고종의 밀지설과 관련한 조사를 받았다. 일제는 8월 14일(음, 7월 8일) 군율위반죄를 적용하여 최익현에게 대마도 감금 3년, 임병찬에게도 대마도 감금 2년을 선고하였다. 고석진과 최제학은 군사령부 감금 4개월, 나머지 김기술 등에게는 태형 100대를 선고하였다.

압송 도중 대전역에서의 최익현 의병장

최익현은 임병찬과 함께 8월 27일(음, 7월 8일) 쓰시마의 이즈하라(嚴原)에 압송되어 위수영의 경비대 안에 구금되었다. 최익현이 도착했을 때 쓰시마에는 이미 홍주의병 9명이 유배되어 와있었다. 이들은 홍주의병 유병장 유준근을 비롯하여 '홍주 9의사'로 8월 6일(음, 6월 17일) 쓰시마에 도착하여 이즈하라의 사족수산소(士族授産所)에 구금되어 있었다.

일본 쓰시마의 이즈하라항

최익현의 유해를 모셨던 슈겐지

최익현이 도착하자 쓰시마 경비대장이 검은 옷을 입을 것과 단발을 강요하였다. 이에 항거한 최익현은 단식에 들어갔으며, 나머지 10명도 이에 동참하여 단식투쟁을 감행하였다. 결국 경비대장은 2일 만에 자신의 지시를 번복하여 단발을 강요하지 않게 되었다. 최익현은 자신들에게 주는 음식 값이 조선에서 오는 것이라는 말을 듣고서야 비로소 식사를 하였다. 최익현은 1906년 12월 4일 (음, 10월 19일) 병이 났다. 처음에는 감기였으나 증세가 점차 위중해졌다. 12월 20일(음, 11월 5일)에는 문인 고제학과 최제학이 면회를 와서 한약을 지어 드렸다. 하지만 1907년 1월 1일(음, 1906년 11월 17일) 병고를 이기지 못하고 유배지에서 순국하고 말았다.[41]

대마도 슈젠지에 있는 최익현 의병장 순국 추모비

임병찬(林炳瓚, 1851~1916)은 전라북도 옥구 출신으로 낙안군수를 지냈다. 1906년 2월에 최익현을 의병장에 추대하고 태인의 무성서원에서 의병을 일으켰다. 그는 이곳에서 의병 모집과 군량 및 병사훈련 등의 책임을 맡아 활동하였다. 순창에서 최익현과 함께 체포된 그는 유배 2년형을 선고받고 쓰시마로 유배되었다.

그는 이듬해 1907년 1월 풀려났으나 1910년 국권을 상실한 후에는 은거하면서 재차 거의할 것을 도모하던 중 1912년 9월 고종의 밀명을 받아 만든 비밀 독립운동 단체인 대한독립의군부(大韓獨立 義軍府)를 조직하였다. 임병찬은 총 사령이 되어 일본의 총리대신과 총독 이하 모든 관헌에게 「국권반환 요구서」를 보내 합병의 부당성을 밝히고, 외국 공관에 대해서도 일제의 통치에 한국민이 불복하고 있음을 표명하고자 하였다. 그러나 1914년 5월 일본 경찰에 의해 모의가 사전에 발각되어 관련자들과 함께 체포되고 말았다. 임병찬은 체포된 후 옥중에서 자살을 기도하였으며, 거문도로 유배되어 옥고를 치르던 중 1916년 5월 순국하였다.

임병찬 의병장

(2) 쌍산의병

쌍산의병은 1907년 1월 전남 화순의 쌍산에서 양회일(梁會一, 1856~1908)을 중심으로 일어난 의병이다. 이들 의병들은 의병성을 쌓고 막사로 이용하며 총기와 총탄, 화약을 제조하여 항쟁하였다.

양회일은 의병을 봉기하고 의병의 행동지침을 제시한 「서고군중문(誓告軍中文)」을 발표하여 의진의 사기를 진작시키고 군율을 엄격히 하였다. 의병대는 4월 하순에 능주와 하순을 점령하였다. 『황성신문』 1907년 5월 15일자에 의하면, 3월 10일 (음) 의병대가 능주와 화순에 동시에 들어와 군아를 비롯하여 주사청, 우편소, 경무서, 일본인 상가 등을 습격하였다. 또 문서와 침구류와 일본인 상가의 물품을 불태우고, 영총 등의 무기를 수거해갔다 한다.[42]

이어서 의병대는 광주를 공격하였으나 실패하였다. 의병장 양회일을 비롯한 중군장 임창모 등이 체포된 뒤 지도로 유배되어 고초를 겪었다. 양회일은 1908년에 재차 의병을 일으켜 강진 등지에서 활약하다가 체포되어 광주 옥에 수감되었다가 장흥으로 옮겨져 이곳에서 단식, 순국하였다. 중군장 임창모는 15년형을 안찬재, 유태경, 신태환, 이백래는 10년형을 선고받고 신안군 지도로 끌려가 고초를 겪었다.

『황성신문』 1907년 5월 15일자 쌍산의병 보도기사

임병찬 의병장의 의병항쟁을 기록한 문집

양회일 의병장의 활동을 기록한 『행사실기』

(3) 창평의병과 광양의병

고광순(高光洵, 1848~1907)은 1907년 1월 담양군 창평에서 의병을 일으켰다. 창평의병은 1907년 4월 화순읍을 점령하고 평소 원성이 많았던 일본인 집과 상점 10여 호를 불태워 버렸다. 그러나 광주에서 파견된 관군과 교전 끝에 패하고 말았다. 그는 일제의 침략에 대하여 예기를 축적하여 장기 항전을 준비한다는 '축예지계(蓄銳之計)'를 세웠다. 그리고 1907년 9월경 연곡사가 위치한 지리산 피아골에 의병의 근거지를 마련하여 부대를 3개 대로 나누고 일제 군경에 대응하였다. 고광수와 윤영기에게 각기 1개 대씩을 주어 경남 화개의 앞뒤 방향에서 공격하게 하였으며, 자신은 고제량 등과 함께 연곡사를 근거지로 삼아 항전하였다. 그러나 일제 군경과의 연곡사 전투에서 의병 20여 명과 함께 장렬하게 순절하였다.

전남 광양에 은거 중이던 백낙구(白樂九, ?~1907)는 1906년 가을 광양에서 의병을 일으켰다. 그는 태인의병의 소식을 듣고 합류하기 위해 북상하다가 의병의 해산소식에 고향으로 돌아가 의병을 준비하였다. 그는 1906년 11월 광양 군아를 점령하고 무기와 군자금을 확보하였으나 구례에서 체포되고 말았다. 1907년 12월에 석방되어 전남 함평군 나산에서 거의한 유병기(劉秉淇) 의병에 참여하여 후군장으로 활동하다가 같은 해 4월경 태인에서 일본군과 접전 중에 전사 순국하였다.

머지 않아 국권을 회복한다는 의미의 고광순 의병장의 '불원복' 태극기

연곡사에 있는 고광순 의병장 순절비

(4) 남원의병과 익산의병

남원의 양한규(梁漢奎, 1844~1907)는 1907년 2월 의병을 일으켰다. 양한규는 을사늑약에 항의하여 의병을 모집하고 무기를 수집하는 등 의병을 준비하였다. 그는 창평의 고광순 등 호남 각지의 인사들과 연대하여 의병활동을 전개할 계획을 세우고 음력 설날인 1907년 2월 13일을 거사일로 잡았다. 성내의 진위대군이 설을 맞아 성을 나가면 경비가 허술할 것으로 생각했기 때문이다. 남원성 공격은 그의 휘하 100여 명의 의병과 여기에 참봉 유병두가 거느린 50명 그리고 진사 박재홍과 상인 양문순이 거느린 의병 등이 합류하였다. 의병대는 설날 아침에 남원성을 공격하여 점령하고 군수품을 접수하였다. 그러나 양한규 의병장이 유탄에 맞아 순국하고 말아 의병대는 와해되고 말았다.[43]

양한규 의병장 집터(남원군 장흥)

익산 지역에서는 이규홍(李圭弘, 1881~1928)이 최익현의 의병 소식을 듣고 1906년 4월 박이환, 문형모 등과 함께 의병을 조직하였다. 태인의병이 해산된 뒤에는 독자적인 의병부대를 조직하고 활동하였다. 이규홍은 1907년 11월 박이환, 문형모 등과 함께 의병을 재기하였다. 그의 부친인 이기영(李琪榮)은 의병 군자금을 지원하였다. 이규홍 부대는 1907년 11월 고산 가금리에서 일본군과의 전투를 치렀으며, 1908년 4월 대전 식장산에서 의진을 해산할 때까지 진안, 금산 일대에서 활동하였다. 이규홍은 1912년 임병찬이 주도한 독립의군부(獨立義軍府) 활동에 참여하였으며, 1916년 대전의 사한리에 거주하는 송창재 집에서 은신하다가 1917년 11월 일본 경찰대의 습격을 받아 대전의 오도산에서 전투를 벌인 후 만주로 망명하였다.[44]

익산 의병장 이규홍

5) 북한 지역

북한 지역에서도 을사늑약 직후에 의병이 봉기하였다. 평북 용천의 유학자인 전덕원(全德元, 1871~1940)은 을사늑약을 규탄하기 위해 상경하여 13도 유약소(儒約所)에 가담해 활동하였다. 그는 김동필, 이상린, 이식 등과 함께 조약 파기와 을사오적 처단을 요구하는 상소문을 올리고 각국 공사관에도 글을 보내 조약이 무효임을 밝혔다.

고향에 돌아온 그는 가산을 처분하여 무기를 마련하고 계형건, 김두섭 등과 홍주의병에 참여하려다가 홍주성이 함락되었다는 소식을 듣고 자신의 집에 유약소를 차리고 의주 출신의 박양래 등과 함께 통문을 돌리다가 1906년 12월 체포되었다. 전덕원은 10년, 박양래는 15년 유배형을 선고 받고 황해도 철도에서 고초를 겪었다. 국치 후 전덕원은 서간도로 망명하여 대한독립단(大韓獨立團)을 조직하고 독립전쟁을 수행하였다.

황해도에서는 우동선(禹東鮮)이 을사늑약에 항거하여 김두행, 조윤봉 등과 함께 신천에서 의병을 일으켰다. 정동의려대장(正東義旅大將)에 추대된 우동선은 구월산의 월정사에 근거지를 두고 일제 군경과 항쟁하거나 침략 시설을 파괴하는 활동을 전개하였다. 우동선 의병은 1907년 이후 해산군인이 가세하여 후기의병기에도 활동을 이어갔다.[45]

○法部大臣李夏榮奏接准平理院
裁判長著理法部協辦李源兢賞稟書
內開被告朴樑來全德元案件審理則
被告兩人投入洪州義兵所之意決議
後委途短銃二柄而忽聞洪州城陷落
之報擧義之事仍卽破意奠爲反對移
民條約募集義士相議抗疏次通文於
四處被捉於義州裁判所其事實證陳
供自服明白被告朴樑來照刑法大全
百九十五條政事言變更ᄒ기爲ᄒ아
亂言作言者律酌減一等被
告全德元照同律高從者律酌減一等
處流十五年云該兩犯當依原擬律處
辨而竊伏念俱以遐土愚蠢之氓昧於
法例致此犯科的量其情狀於本律各
減一等朴樑來流十五年全德元流十
年處辨何如允之

전덕원과 박양래 체포 기사 (『고종실록』 47권, 고종 43년 12월 28일자)

한말 의병운동의 특성과 의의

한말 의병은 1894,5년부터 1915년까지 치열한 항일전을 펼쳤다. 이 책에서는 그 중에서 전기의병과 중기의병을 대상으로 하였다. 이를 중심으로 의병의 특성과 의의를 살펴보기로 한다.

첫째, 전기, 중기의병의 주도층은 주로 유림 집단이었으며 유림들은 학파를 중심으로 의병을 조직하여 활동한 특성이 있다. 화서학파(華西學派)의 유림들은 경기, 강원, 충북 지역에서, 남당학파(南塘學派)는 충남의 서부 지역에서, 정재학파(定齋學派)는 안동을 비롯한 경북 북부 지역에서, 노사학파(蘆沙學派)는 전남 지역을 중심으로 의병을 조직, 활동하였음을 볼 수 있다.

둘째, 유림들은 노론, 소론, 남인 등 당색을 초월하여 의병에 함께 참여한 특성도 보였다. 홍주의병에 노론인 김복한과 소론인 안병찬, 그리고 남인인 이남규가 합세하여 활동하였음이 대표적인 예이다.

셋째, 의병대는 특정 지역을 기반으로 조직되었으나 전력을 극대화하기 위하여 의진 간에 상호 연합하여 항전한 특성이 있다. 이천의병에 광주의병과 여주의병, 양근의병 등이 합세하여 남한산성 전투를 치렀으며, 김하락은 이천의병을 이끌고 제천의병과, 안동의병, 경주의병 등과 함께 투쟁하였다. 안동의병은 풍기, 순흥, 영천, 봉화, 선성 등 영남 북부 지역 의병과 연합하여 일본군과 태봉전투를 치렀다. 민용호의 강릉의병에는 강릉의 권인규와 삼척의 김헌경, 영양의 김도현 의병이 합세하였음을 볼 수 있다.

넷째, 의병 활동이 남한 지역을 중심으로 전개된 특성이 있다. 북한 지역에서 의병이 활발하지 못했던 이유는 의병 주도층이 유림이라는 특성과 연관이 있다. 북한 지역은 학파라고 할 정도의 유림 집단이 거의 형성되지 못했으며, 일찍부터 서구 문물이 들어와 개화사상이 퍼져있었기 때문이다. 후기의병의 경우에 일부 극복된 모습이 보이지만 여전히 남한 지역에 비하여 활발하지 못했다. 북한 지역에서 험준한 산림을 근거지로 한 의병의 활동이 일찍부터 없었다는 것이 아쉽다.

다섯째, 의병 투쟁은 홍주의병, 원주의병, 단양의병, 영릉의병, 그리고 호남 지역의 양회일, 고광순 의병 등에서 보듯이 전기의병에 참여하였던 이들이 중기의병기에 재기했다는 특성이 있다. 또한 중기의병은 정용기, 신돌석, 양회일, 고광순, 이규홍, 우동선 등에서 볼 수 있듯이 1907년 군대해산 이후의 후기의병으로 이어지는 특성이 있다.

여섯째, 전기의병에 비하여 중기의병에 참여하는 신분층이 저변으로 확대되었으며 산남의진에서 보듯이 전술상의 변화도 점차 나타났다. 그러나 여전히 지휘부가 유림 중심이었으며, 무기의 열세를 극복하지 못했고 전술 또한 중세적이었다. 그 결과 1896년 제천의병과 1906년 홍주의병에서 보듯이 성을 점령하고 항전하다가 오히려 포위당한 채 수백 명이 희생되었다.

일곱째, 의병 투쟁은 위정자와 일제 침략군에게 큰 위협을 준 점에서 의의가 크다. 고종은 단발령을 철회하였으며 아관파천을 단행하여 일제의 침략 행위에 대한 반대 의사를 행동으로 보여주었다. 전기의병은 표면적으로 해산되었지만 제천의병과 강릉의병에서 볼 수 있듯이 고종의 해산조칙을 거부하고 만주로 들어가 재기의 항전을 준비하였다.

러일전쟁에서 승리한 일본은 1904년 이후 서울에 한국주차군사령부를 설치하였다. 그리고 러일전쟁을 명목으로 주둔했던 일본군 정예부대를 철수시키지 않고 의병 탄압을 자행하였다. 하지만 1905년 을사늑약을 전후하여 의병들은 목숨을 내걸고 재기하여 일제의 한국 강점을 저지하고자 투쟁하였다. 나아가 의병들은 1910년 경술국치 후에 만주로 망명하거나 국내에 남아 일제의 침략에 항거하는 최대의 항일 민족세력을 형성하였다. 이들 의병의 반침략 투쟁은 국권침탈 이후 독립전쟁을 펼쳐나간 정신적이며 인적인 연원이 되었으며 한국인의 저항적인 민족운동에 큰 영향을 주었다 할 수 있다.

[주]

1 이 책에서는 1895년 말까지는 음력을, 1896년 1월 1일 이후는 양력으로 표기하는 것을 원칙으로 하였다. 조선 정부에서 1896년 1월 1일부터 공문서에 양력을 사용하였기 때문이다. 의병 측의 자료는 1896년 이후도 음력으로 되어 있어 이를 양력으로 환산하여 표기하였다.

2 김상기, 「조선말 문석봉의 유성의병」, 『역사학보』 134, 5합집, 1992.

3 김하락(1846~1896)은 경북 의성 출신으로 호를 해운당(海雲堂)이라 한다. 이천의병을 일으켜 항쟁하였으며 영덕전투에서 강에 뛰어들어 자결하였다. 의병활동 기록인 『김하락 진중일지』를 남겼다.

4 유한철, 「김하락 의진의 의병활동」, 『한국독립운동사연구』 3, 1989.

5 김상기, 「한말 양평에서의 의병항쟁과 의병장」, 『호서사학』 37, 2004.

6 오영섭, 「춘천지역의 을미의병운동」, 『북한강 유역의 유학사상』, 한림대아시아문화연구소, 1998.

7 이소응(1861~1930)은 본관이 전주, 호는 습재(習齋)이다. 춘천 출신으로 성재 유중교의 문인이다. 춘천의병장으로 활동하였으며, 유인석을 따라 서간도의 통화현으로 망명하였다. 1900년 귀국한 그는 제천 공전리에서 살면서 자양영당을 건립하였다. 1911년 다시 망명하여 중국의 회인현과 관전현 등지를 옮겨 살다가 1930년 몽골의 강평현에서 죽었다.

8 이구용, 「춘천의병의 항일투쟁」, 『춘천항일독립운동사』, 춘천문화원, 1999.

9 민용호(1869~1922)는 경남 산청의 오곡(梧谷) 출신으로 청년시절 서울과 여주에서 살았다. 자는 문현(文賢), 호는 복재(復齋)이다. 강릉 의병장으로 활동하다가 서간도의 통화지역으로 망명하였다. 1900년 귀국한 뒤 중추원의관, 비서원승 등을 지냈으나 1903년 관직을 버리고 산속으로 잠적하였다. 문집으로 『복재집(復齋集)』이 있다.

10 박민영, 「민용호의 강릉의병 항전에 대한 연구」, 『한국민족운동사연구』 5, 1991.

11 권인규(權仁圭, 1843~1899)는 헌종9년 강릉의 초당(草堂)에서 태어났다. 초명은 헌규(獻圭), 자는 경행(景行), 호는 동빈(東濱) 또는 소운(巢雲), 소은(巢隱)이라 한다. 본관은 안

동으로 추밀공파에 해당한다.

12 유인석(1842~1915)은 춘천 출신으로 의암(毅菴)이 그의 호이다. 화서 이항로와 성재 유중교의 문인이다. 제천의병장으로 항쟁하였으며, 서간도 통화현으로 망명하였다. 1900년 귀국하여 황해도 일대에서 제자를 양성하였다. 1908년 7월 블라디보스토크로 망명하여 13도의군 도총재, 성명회 의장, 권업회 수총재 등을 맡아 연해주 지역에서 독립운동을 전개하다가 중국으로 옮겨 관전현과 신빈현 일대에서 활동하였다.

13 유인석, 「격고팔도열읍」, 『의암집』 권45.

14 김상기, 『한말의병연구』, 일조각, 1997.

15 김상기, 「1895~1896년 제천의병의 사상적 연원과 전개」, 『박성수교수화갑기념논총』, 1991.

16 김복한(1860~1924)의 본관은 안동, 호는 지산(志山)이다. 1895,6년 홍주의병장으로 활동하였다. 1905년 을사늑약을 반대하는 상소를 올렸으며, 1906년 홍주의병에 연루되어 옥고를 치렀다. 1919년 호서지역의 파리장서운동을 주도하였으며, 이 일로 또 다시 옥고를 치르는 등 항일투쟁을 펼쳤다.

17 김상기, 「1895~1896년 홍주의병의 사상적 연원과 전개」, 『윤병석교수화갑기념논총』, 1990.

18 권대웅, 「김산의진고」, 『윤병석교수화갑기념 한국근대사논총』, 지식산업사, 1990.

19 권세연(1836~1899)은 경북 봉화 출신으로 본관은 안동, 호는 성대(星臺)이다. 안동에서 살았으며, 참봉(參奉)을 지냈다.

20 김도화(1825~1912)의 본관은 의성, 호는 척암(拓菴)이다. 안동 출신으로 안동 의병장으로 활동하였다. 1905년 을사늑약에 조약 파기를 요구하는 상소를 올렸으며, 1910년 나라가 망하자 "한 치의 땅도 한 사람의 백성도 폐하 사유물이 아닙니다. 어찌하여 폐하께서는 필부들이 자기 논밭을 팔듯이 해버렸습니까"라고 상소를 올렸다.

21 김상기, 「1895~1896년 안동의병의 사상적 연원과 항일투쟁」, 『사학지』 31, 1998.

22 김도현(1852~1914)의 본관은 김해, 호는 벽산(碧山)이다. 영양 출신으로 1896년 의병을 일으켜 활동하였다. 1905년 을사늑약에 의병을 일으켜 활동하다가 체포되어 옥고를 치

렀다. 1914년 어머니가 사망한 뒤 나라가 망한 것을 한탄하면서 영해의 관어대(觀魚臺)에 나아가 유서와 절명시를 남기고 동해로 들어가 자결하였다.

23 노응규(盧應奎, 1861~1907)는 경남 안의 출신으로 본관은 광주(光州)이다. 성재 허전(許傳)의 문하에서 수학하고 면암 최익현과 연재 송병선에게서도 학문을 연마하였다. 1896년 진주의병장으로 활동하였으며, 1907년 황간에서 의병을 다시 일으켜 활동하다가 체포되어 옥중에서 순국하였다.

24 박민영, 「신암 노응규의 진주의병 항전 연구」, 『박성수교수화갑기념 한국근대사논총』, 1990.

25 홍영기, 「1896년 나주의병의 결성과 활동」, 『이기백선생고희기념 한국사학논총』 하, 일조각, 1994.

26 조동걸, 『한말의병전쟁』, 독립기념관, 1989.

27 김상기, 『한말전기의병』, 독립기념관 한국독립운동사연구소, 2009.

28 윤병석, 『근대한국 민족운동의 사조』, 집문당, 1996, 159쪽.

29 권영배, 「구한말 원용팔의 의병항쟁」, 『한국민족운동사연구』 (우송조동걸선생정년기념논총 2), 나남출판, 1997.

30 민종식(閔宗植, 1861~1917)은 경기도 여주에서 판서 민영상(閔泳商)의 장남으로 태어나 1882년(고종 19) 문과에 급제하여 이조참판을 지냈다. 1895년 을미사변 후 벼슬을 버리고 충청남도 청양의 정산으로 이주하였다. 1906년 홍주의병장에 추대되어 활동하였다. 체포되어 사형 선고를 받았으나 종신유배형으로 감형되어 진도에 유배되었다가 1907년 12월 순종의 즉위를 맞아 특사로 석방되었다.

31 이용규(李容珪, 1859~?)는 전북 옥구 출신으로 호는 春塘이다. 1906년 3월 매부인 민종식(閔宗植)이 예산의 광시에서 홍주의병을 일으킬 때 안병찬(安炳瓚) 등과 함께 의병진 편성의 주도적 역할을 담당하였으며, 1919년 한성임시정부 수립에도 참가하였다.

32 김상기, 「1906년 홍주의병의 홍주성전투」, 『한국근현대사연구』 37, 2006.

33 박민영, 『한말 중기의병』, 독립기념관 한국독립운동사연구소, 2009, 85~90쪽.

34 홍원식은 화성 출신으로 당진의 소난지도에 근거지를 두고 활약한 의병이다. 홍원식의

소난지도 의병은 1908년 3월 15일 일본 경찰대의 공격을 받고 격전을 벌였으나 대부분이 전사하였다. 홍원식은 탈출에 성공하여 고향인 화성으로 돌아가 1910년대 구국동지회를 조직하고 활동하였다. 그러나 1919년 4월 15일 제암리 교회에서 일본군에 의해 학살당한 것으로 알려진다.

35 김상기,「1908년 당진 소난지도 의병의 항일전」,『한국근현대사연구』28, 2004.

36 정환직(鄭煥直, 1843~1907)은 경북 영천(永川) 출신이다. 본관은 영일, 초명은 치우(致右), 자는 백온(伯溫), 호는 동엄(東嚴)이다. 1887년에 북부도사(北府都事)에 제수되었다가 이듬해인 1888년 의금부의 금부도사를 역임하였다. 1906년 임금의 뜻에 따라 의병을 일으키고 아들 정용기를 의병장에 추대하였다. 정용기가 전사한 뒤 직접 의병장에 올라 많은 전공을 세웠으나 1907년 12월 체포되어 영천에서 순국하였다.

37 권영배,「산남의진의 조직과 활동」,『역사교육논총』16, 1991.

38 신돌석(申乭石, 1878~1908)은 경북 영해군에서 신석주(申錫柱)의 아들로 출생하였다. 본관은 평산으로 고려 개국공신 신숭겸(申崇謙)의 후예이다. 1906년 의병을 일으켜 영해, 울진, 삼척 일대에서 활동하였다.

39 김희곤,「신돌석의진의 활동과 성격」,『한국근현대사연구』19, 2001.

40 홍영기,「한말 태인의병의 활동과 영향」,『전남사학』11, 1997.

41 김상기,「최익현의 정산이주와 태인의병」,『충청문화연구』7, 2011.12.

42 『황성신문』1907년 5월 15일자.

43 김상기,「한말 호남 의병의 항전과 의병장」,『인문학연구』98, 충남대 인문과학연구소, 2015; 박민영,『한말 중기의병』, 독립기념관 한국독립운동사연구소, 2009.

44 이강오,「의병대장 이규홍의 항일투쟁」,『군사』6, 1983.

45 정제우,「한말 황해도 지역 의병의 항전」,『한국독립운동사연구』7, 1993.

[참고문헌]

저서

구완회, 『한말의 제천의병』, 집문당, 1997.

김상기, 『한말의병연구』, 일조각, 1997.

_____, 『한말 전기의병』, 독립기념관 한국독립운동사연구소, 2009.

_____, 『호서유림의 형성과 민족운동』, 지식산업사, 2016.

김의환, 『항일의병장열전』, 정음사, 1975.

박민영, 『대한제국기 의병연구』, 한울, 1998.

_____, 『한말 중기의병』, 독립기념관 한국독립운동사연구소, 2009.

_____, 『최익현』, 역사공간, 2012.

박성수, 『독립운동사연구』, 창작과비평사, 1980.

오길보, 『조선근대반일의병운동사』, 과학백과사전종합출판사, 1988.

윤병석, 『의병과 독립군』, 세종대왕기념사업회, 1977.

_____, 『한말의병장열전』, 독립기념관 한국독립운동사연구소, 1991.

_____, 『근대 한국민족운동의 사조』, 집문당, 1996.

조동걸, 『한말의병전쟁』, 독립기념관, 1989.

_____, 『한국민족주의의 성립과 독립운동사연구』, 지식산업사, 1989.

홍순권, 『한말 호남지역 의병운동사연구』, 서울대출판부, 1994.

홍영기, 『대한제국기 호남의병연구』, 일조각, 2004.

_____, 『한말 후기의병』, 독립기념관 한국독립운동사연구소, 2009.

논문

강길원, 「한말 호남의병장 정재 이석용의 항일투쟁」, 『원광사학』 2, 1982.

_____, 「해산 전수용의 항일투쟁」, 『역사학보』 101, 1984.

_____, 「담산 안규홍의 항일투쟁」, 『손보기박사정년기념 한국사학논총』, 1988.

권대웅, 「1896년 청송의진의 조직과 활동」, 『한국근현대사연구』 9, 1998.

_____, 「김산의진고」, 『윤병석교수화갑기념 한국근대사논총』, 지식산업사, 1990.

권영배, 「산남의진의 조직과 활동」, 『역사교육논총』 16, 1991.

_____, 「구한말 원용팔의 의병항쟁」, 『한국민족운동사연구』 (우송조동걸선생 정년기념논총 2), 나남출판, 1997.

김강수, 「한말 의병장 벽산 김도현의 의병활동」, 『북악사론』 2, 1990.

김상기, 「1895~1896년 홍주의병의 사상적 연원과 전개」, 『윤병석교수화갑기념 논총』, 1990.

_____, 「1895~1896년 제천의병의 사상적 연원과 전개」, 『박성수교수화갑기념 논총』, 1991.

_____, 「조선말 문석봉의 유성의병」, 『역사학보』 134,5합집, 1992.

_____, 「1895~1896년 안동의병의 사상적 연원과 항일투쟁」, 『사학지』 31, 1998.

_____, 「한말 양평에서의 의병항쟁과 의병장」, 『호서사학』 37, 2004.

_____, 「1908년 당진 소난지도 의병의 항일전」, 『한국근현대사연구』 28, 2004.

_____, 「1906년 홍주의병의 홍주성전투」, 『한국근현대사연구』 37, 2006.

_____, 「한말 일제의 침략과 의병 학살」, 『역사와 담론』 52, 2009.

_____, 「최익현의 정산이주와 태인의병」, 『충청문화연구』 7, 2011.

김상기, 「한말 호남의병의 항전과 의병장」, 『인문학연구』 98, 충남대 인문과학
　　　　연구소, 2015.

김희곤, 「신돌석의진의 활동과 성격」, 『한국근현대사연구』 19, 2001.

박민영, 「신암 노응규의 진주의병 항전 연구」, 『박성수교수화갑기념 한국근대
　　　　사논총』, 1990.

＿＿＿, 「민용호의 강릉의병 항전에 대한 연구」, 『한국민족운동사연구』 5,
　　　　1991.

＿＿＿, 「한말 의병의 대마도 피수 경위에 관한 연구」, 『한국근현대사연구』 37,
　　　　2006.

배용일, 「산남의진고-정환직, 정용기 부자 의병장 활동을 중심으로」, 『논문집』
　　　　6, 포항실업전문대학, 1982.

오영섭, 「춘천지역의 을미의병운동」, 『북한강 유역의 유학사상』, 한림대아시아
　　　　문화연구소, 1998.

유한철, 「김하락의진의 의병활동」, 『한국독립운동사연구』 3, 1989.

윤병석, 「을사오조약의 신고찰」, 『국사관논총』 23, 1991.

이강오, 「의병대장 이규홍의 항일투쟁」, 『군사』 6, 1983.

이구용, 「춘천의병의 항일투쟁」, 『춘천항일독립운동사』, 춘천문화원, 1999.

정제우, 「한말 황해도 지역 의병의 항전」, 『한국독립운동사연구』 7, 1993.

홍순권, 「한말 호남지역 의병운동의 참가층과 사회적 기반」, 『역사연구』 창간호,
　　　　1992.

홍영기, 「1896년 나주의병의 결성과 활동」, 『이기백선생고희기념 한국사학논총』
　　　　하, 1994.

＿＿＿, 「한말 태인의병의 활동과 영향」, 『전남사학』 11, 1997.

[찾아보기]

한말의병

찾아보기

저자

김상기(金祥起)

충남대학교 사학과 졸업
한국학중앙연구원 한국학대학원 문학박사
일본 와세다대학교·캐나다 UBC 방문교수
한국근현대사학회 회장·독립기념관 한국독립운동사연구소 소장,
충남대학교 충청문화연구소 소장·박물관장 역임
현 충남대학교 국사학과 교수

주요저서

『한말의병연구』, 일조각, 1997
『중국동북지역 한국독립운동사』(공저), 집문당, 1997
『제노사이드와 한국근대』(공저), 경인문화사, 2009
『한말전기의병』, 독립기념관 한국독립운동사연구소, 2009
『한국독립운동의 역사』(공저), 독립기념관 한국독립운동사연구소, 2013
『윤봉길』, 역사공간, 2013
『호서유림의 사상과 민족운동』, 지식산업사, 2016
『행동하는 지식인, 한국의 독립운동가』, 충남대 출판문화원, 2016 등 다수

한말 의병운동 전기·중기의병

초판 1쇄 발행 2016년 12월 30일
지 은 이_김상기
기   획_독립기념관 한국독립운동사연구소
도판 구성 및 편집_박애리

펴 낸 이_윤주경
펴 낸 곳_독립기념관
　　　　충청남도 천안시 동남구 목천읍 삼방로 95
　　　　http://www.i815.or.kr
　　　　전화_041-560-0403

제 작 처_도서출판 선인
　　　　서울시 마포구 마포대로 4다길 4 곳마루빌딩 1층
　　　　http://www.i815.or.kr
　　　　전화_02-718-6252, 718-6257
　　　　팩스_02-718-6253
　　　　e-mail_sunin72@chol.com
　　　　등록_1998년 11월 4일 제 5-77호

정   가_16,000원
ISBN 979-11-6068-027-0 03900